큰사랑목장시리즈 III - 기본훈련2단계

그리스도인, 그 풍성한 삶

엘맨

목차

제자훈련과정에 오심을 환영합니다.

  큰사랑목장훈련 세 번째 과정인 제자훈련과정에 오신 것을 환영합니다.
  예수님께서 열두 제자들을 부르실 때 예수님은 그들을 부르시는 이유를 분명하게 말씀 하셨습니다. 예수님께서 제자들을 부르셔서 함께 하셨던 공생애의 전 과정을 볼 때 주님께서 부르셨던 제자들은 그들이 잘 준비되어서 부르신 것도 아니고, 그들의 배경을 보시고 부르신 것도 아니었음을 우리는 성경을 통해서 알 수 있습니다. 그러나 왜 그들을 부르시는지, 예수님께서는 부르시는 목적을 분명히 말씀 하셨습니다. "말씀하시되 나를 따라오라 내가 너희를 사람을 낚는 어부가 되게 하리라 하시니" (마4:19) 사람 낚는 어부, 즉 제자로 삼으시고, 제자 삼는 사람으로 만들기 위해서 부르셨습니다. 제자가 된다는 것은 막연히 몰려와 따르는 군중과는 다릅니다. 예수님과 특별한 관계의 사람이며, 예수님으로 인해 그 삶의 내용과 방향이 변화된 사람이며, 예수님과 함께 동행 하는 사람입니다. 제자는 구경꾼이 아닙니다. 비록 예수님이 잡히시고, 고난의 십자가를 지실 때 예수님 곁을 떠났거나, 멀찍이 따라가던 순간도 있었지만 예수님이 이 땅에 오셔서 이루시려고 했던 인류구원의 계획의 한 가운데에 있었습니다. 예수님이 이루신 구원과 모든 구속사역에 이들이 덧붙인 것도, 덧붙일 수 있는 것도 없었지만 예수님은 이들을 통해서 그 일을 행하기 시작하셨습니다.
  당신도 예수님의 제자가 되십시오. 어쩌면 당신은 예수님의 제자로의 부름을 받고 이미 제자의 삶을 살기로 결단했거나, 그 결단의 순간에 서 있습니다. 이 흥분되고, 기대되는 출발은 두렵기도 하지만, 당신 생애의 최고의 선택이라는 것을 고백하게 될 것입니다. 이제 그리스도의 제자로 살아가십시오. 주님의 지상명령에 헌신하십시오.

이 교재는 무엇을 지향하는가?

　이 교재는 구원받은 그리스도인이 제자의 삶을 사는데 필수적인 것들을 공부할 수 있도록 고안했습니다. 12가지 주제를 성경 본문 연구를 통해서 제자도의 기초를 다질 수 있도록 돕기 위해 썼습니다. 1-2과에서는 '그리스도인, 삶의 우선순위의 변화, 그리스도인과 건강한 성장'을 담고 있습니다. 당신 삶의 주인이 당신 자신이거나 이 세상의 그 무엇이 아니라 예수 그리스도가 당신의 주인으로 바뀌었는지를 다시 한 번 확인하고, 그 변화가 당신이 건강한 그리스도인으로 성장하는 발판이 되도록 함께 점검하게 하려고 했습니다. 그리고 3-6과에서는 '그리스도인의 예배, 기도, 전도, 헌신' 등 그리스도인 삶에서 가장 기초적이면서도 중요한 주제들을 본문 연구를 통해 체계적으로 정리할 수 있도록 구성했습니다. 7-10과에서는 'QT, 그리스도인의 영적싸움, 가정, 세계관'에 대해서 다루고 있습니다. 당신의 삶의 현장에서 실제적으로 만나게 되고, 경험하게 될 부분을 공부하도록 구성했습니다. 11-12과에서는 '섬김으로 보여준 제자도와 좋은 목자 되기'라는 제목으로 제자도에 대하여 공부하도록 되어 있습니다.

　이 교재를 공부하면서 성경 본문을 관찰하고 해석하며, 다양한 주제들을 공부하고 토론하는 시간이 될 것입니다. 이 과정을 통해서 제자도의 한 부분을 배울 수 있는 기회가 되리라 믿습니다.

이 교재를 어떻게 공부할 것인가?

당신은 이 교재를 통해서 그리스도의 제자로서 필요한 12개의 주제를 골고루 공부하게 될 것입니다.

큰사랑 목장시리즈의 다른 교재들처럼 이 교재 역시 당신이 혼자 성경을 찾아가면서 공부할 수도 있습니다. 그러나 훈련받고 영적으로 보다 성숙한 목자와 함께 그룹으로 공부하는 것이 좋습니다. 이 책은 단순히 성경지식만을 전하기 위한 것이 아니기 때문입니다. 이 책은 당신이 그리스도의 제자가 되도록 안내하기 위한 그룹성경공부 교재입니다. 이 책을 공부하면서 그리스도의 제자로서 필요한 요소들을 조금씩 채움 받게 될 것입니다.

이 책을 공부할 때는 제시된 성경 본문을 찾아서 함께 읽고 제시된 질문을 통해서 본문을 관찰하고 해석하면서 삶에 적용하고 실천해야 합니다. 말씀과 당신이 직면하여 대화하는 시간이 된다면 가장 의미 있는 시간이 될 것입니다. 당신이 말씀을 향하여 질문을 던지고, 당신 자신에게도 끊임없이 질문을 던지면서 공부하십시오. 공부하면서 당신의 생각과 당신의 가치관은 물론 당신의 과거, 현재, 미래와 부딪히게 하십시오. 목자와 목장원, 목장원과 목장원 사이에 질의응답을 나누는 상호작용이 이루어지는 목장성경공부가 이루어진다면 더 의미 깊은 시간이 될 것입니다.

각 과의 마지막에 있는 '적용 및 실천하기'는 그냥 지나치지 말고 각 과에서 가장 중요하게 여기며 공부하십시오. 배운 것들을 적용하고 실천함으로써 성경지식이 당신의 삶에 녹아서 스며들어 삶의 전 영역에 자양분이 되도록 하십시오. 그리스도인의 삶은 아는 것보다 실천이 더 중요하다는 것을 당신은 이미 알고 있을 것입니다. 이 교재를 공부함에 있어서 다시 한 번 강조하고 싶은 것은 아는 것보다 실천이 더 중요하다는 것입니다.

구원 받은 그리스도인은 풍성한 삶을 누려야 합니다. 풍성한 삶을 살아내야 합니다. 그러나 풍성한 삶은 당신의 노력의 결과물이 아니고, 하나님의 은혜이고, 그리스도 안에 거할 때 나타나는 성령의 열매입니다.

말씀을 공부할 때 마다 성령님 안에서 기대를 가지고 시작하십시오. 하나님께서 당신을 향하여 주실 말씀을 사모하십시오. 충분히 성실하게 열심을 내십시오. 말씀을 배운 후에 당신도 다른 그리스도인을 가르칠 수 있기를 열망하고 기도하십시오. 성경구절 암송, 성경본문 찾아 읽기 등 인도자의 안내와 책의 안내를 따라 예습과 복습을 철저하게 실행하십시오.

당신이 이 교재를 그룹으로 공부하게 될 목장모임은 말씀을 공부함과 동시에 함께 기도하고, 교제하며, 서로서로 섬기는 삶을 배우게 될 것입니다. 예수님께서 제자들과 함께하시면서 제자의 비전과 제자의 삶을 가르쳤던 것처럼 당신도 목장에서 제자도를 조금씩 배우게 될 것입니다. 또한 함께 공부하는 목장원들과의 나눔을 통해서 다른 지체들의 삶 가운데 역사하시는 하나님을 발견하는 만남의 장이 펼쳐질 것입니다. 나눔을 통해서 자신이 가지고 있는 문제를 해결 받을 수 있으며, 그리스도인의 세계관과 비전을 잉태하는 기회가 될 것입니다. 목자와 목장원들은 시간과 공간을 최대한으로 공유하도록 힘쓰십시오.

이 교재를 공부하기에 앞서 부록에 있는 "Ⅰ. 나의 비전 쓰기" 에 있는 "이 교재를 공부하기 전에 쓰기" 에 당신의 생각을 써보세요. 그리고 이 교재를 다 공부한 후에 "이 교재를 공부한 후에 쓰기" 를 써보세요.

이 교재를 공부하면서 하나님의 사랑과 풍성한 삶을 경험할 수 있기를 간절히 소망합니다.

제1과 그리스도인, 삶의 우선순위의 변화

〈암송 구절〉 "한 사람이 두 주인을 섬기지 못할 것이니 혹 이를 미워하고 저를 사랑하거나 혹 이를 중히 여기고 저를 경히 여김이라 너희가 하나님과 재물을 겸하여 섬기지 못하느니라." (마 6:24)

〈읽을 말씀〉 마 6:19-34

직장에 다니는 희민이는 오랜만에 차 한 잔을 마시면서 조용히 자신을 돌아보고 있었다. 쫓기듯 살아가는 자신의 삶을 돌아보다가 자신의 삶에 대한 작은 연민을 느끼면서 심각해졌다. "나는 왜 이렇게 바쁘게 사는 것일까?"

희민이가 그렇게 바쁘게 살기 시작한 것은 유치원으로 거슬러 올라 간다. 그 때부터 그는 바빴다. 고3때는 대학만 가면 여유가 있을 줄 알았는데, 대학에 진학하자마자 고등학교 때보다 더 바빴다. 입학하고 채 몇 주가 지나기도 전에 부모님은 물론 교수님, 선배들, 친구들이 졸업 후의 진로에 대해 관심을 가지면서 압박감을 느끼기 시작했다. 그 뒤로 희민이는 자신의 진로 문제를 무겁게 느끼면서 대학생활을 했다. 열심히 노력한 결과 졸업 후 몇년 만에 어려운 관문을 뚫고 직장을 얻었다. 어렵게 들어간 직장 역시 만만치 않았다. 경쟁적이고, 도전적이었다. 희민이는 혼잣말로 "내가 나를 사는 것이 아니라, 회사에 외해서 나의 삶이 이끌려 가는 것 같아!" 라고 말하곤 했다. 희민이는 매일 매일 무거운 압력을 느끼면서 출근하고 있다.

희민이가 자신을 돌아보면서 느낀 것은 지금까지 '자기 주도적'으로 살지 못했다는 것이었다.

그리고 이렇게 마음을 다잡았다.

"이제는 내가 주인으로 살아야지."

이렇게 마음먹은 것이 불과 몇 일 전의 일이다.

그런데 지난 주일예배에서 목사님이 설교 중에 "당신의 주인은 누구입니까?" 라고 물으셨을 때, 처음에는 나의 주인은 "당연히 나지!" 라고 머릿속으로 되뇌었다. 설교를 듣는 동안 마음이 혼란해지기 시작했다. "나 말고 다른 누가 나의 삶의 주인이어야 한다는 말인가? "과연 나 외에 다른 누가 나의 삶의 주인이 될 수 있을까?"

나를 찾아가는 것이 정답이라고 생각했는데, 내가 아니고, 또 나의 자리를 내주어야 한다는 말인가?

그리스도인도 마음의 중심에는 주인의 자리가 있습니다. 여기에 누구를 앉혀야 할까요?

그리스도인의 삶은 "나" 중심에서 "예수" 중심으로 바뀐 삶입니다. 나를 비워서 예수님으로 채우는 것이 아니고, 나는 죽고, 내 안에 예수께서 사는 삶입니다. 삶의 지각변동이 일어난 사람입니다. 우선순위가 바뀌고, 가치관, 세계관에 변화가 일어난 사람입니다. 이어져 내려오는 전통이나 학습으로 얻어진 지식, 기술들에 의한 생각의 변화도 아닙니다. 오랫동안 축적되어온 습관, 소속된 국가나 사회의 규범이나 도덕으로부터 나온 변화도 아닙니다. 그리스도 예수 안에서 성령으로 변화된 사람입니다.

Ⅰ. 관찰 및 해석

1. 그리스도인은 보물을 어디에 쌓아야 할까요?(마 6:19-21절)

 1) 당신은 어떤 보물을 가지고 있습니까?

2) 보물을 땅에 쌓는다는 것은 무엇을 의미할까요?(19절)

3) 본문에 의하면 당신이 보물을 땅에 쌓는다면 결국은 그 보물은 어떻게 될까요?(19절)

4) 당신의 보물을 하늘에 쌓는다는 것은 어떤 의미이며, 당신은 어떻게 보물을 하늘에 쌓을 수 있을까요?(20절)

5) 당신은 보물을 하늘에 쌓는 것이 왜 중요하다고 생각합니까?(21절)

2. 당신의 주인은 누구입니까?(24절)
  1) 당신의 삶에서 누구(무엇)를 주인으로 섬긴다는 것은 어떤 의미일까요?

2) 당신은 당신의 삶에서 두 주인을 섬겨본 경험이 있습니까? 그 때 당신의 삶은 어떠했습니까?

3) 당신이 당신의 삶에서 주인으로 모시고 싶은 분(것)의 모습을 묘사해보세요.

4) 당신이 주인으로 모시고 싶은 대상의 어떤 면이 당신의 마음에 드는지 얘기해보세요.

3. 당신의 삶에서 가장 중요하게 생각하는 것이 무엇입니까?(25-34절)
  1) 당신의 걱정거리들은 무엇입니까?(25절)

2) 당신이 현재 혹은 미래를 염려하는 것과 준비하는 것의 차이는 무엇일까요?(26절)

3) 당신이 지금 염려하고 있는 것들은 무엇입니까?(27절)

4) 본문에 비추어 볼 때 당신과 비그리스도인의 차이는 무엇입니까?(31-33절)

5) "먼저 그의 나라와 그의 의를 구한다는 것" 은 무엇을 의미할까요?(33-34절)

II. 적용 및 실천하기

1. 적용

1) 당신의 삶을 지배하거나 주인이 될 수 있는 것들에는 어떤 것들이 있을까요?

2) 만일 당신이 지금까지 예수 그리스도를 주인으로 섬기지 않고, 다른것을 주인으로 섬겼다면 어떻게 그 주인을 바꿀 수 있을까요?

3) 만일 당신이 하나님을 주인으로 모신다면 당신의 삶에 어떤 변화가 일어날 것으로 기대됩니까?

4) 당신의 삶에서 "먼저 그의 나라와 그의 의를 구하라!" 라는 명령을 따르기 위해서 당신이 지금 할 수 있는 것은 무엇일까요?

2. 실천하기

1) 암송요절을 반복해서 읽고 암송하십시오.
2) 다음과에 나오는 성경구절을 찾아서 읽으시오.
3) 부록에 나오는 성경 읽기표에 따라 매일매일 성경을 읽으시오.

그는 내게 속하였고, 나는 그에게 속하였구나

"나의 사랑하는 자는 내게 속하였고, 나는 그에게 속하였구나."(아 2:6)

'사랑은 이러 이러한 것'이라고 정의해볼 때가 더러 있다. 사랑의 정의를 말로 표현하고 글로 쓴 사람들이 얼마나 많은가? 하지만 사랑을 정의 하는 것조차도 쉽지 않다. 그런데 사랑을 정의하는데, 이 성경구절만큼 적절한 표현은 없는 것 같다. 소유하지 않으면서도 서로에게 속할 수 있음이 사랑인 것 같다.

내가 주님을 사랑한다고 말할 수 있음은 내가 주님께 속했을 때이다. 내가 주님께 속하게 된 것은 나의 노력에 의해서 된 것이 아니라 주님께서 피 값으로 사셨다. 주님이 얼마나 사랑하시면 우리를 위해 기꺼이 주님의 몸을 내어놓으셨을까? 주님은 죽음으로써 사랑을 손수 보여주셨다. 얼마만큼 사랑하시면 죽으실 수 있을까? 주님은 마치 피조물인 인간의 종처럼, 마치 우리에게 속하신 것처럼 주님 스스로를 내어주심으로 인간을 피 값으로 사셔서 우리에게 자유를 주셨다. 우리가 주님을 알게 된 순간부터 우리는 주님께 속하였음을 인정할 수밖에 없다.

주님, 저는 주님께 속하였습니다. 주님과 아무런 상관이 없는 것처럼 느껴질 때도, 나 혼자 있는 것 같은 순간에도 저는 주님께 속하였습니다. 그리고 저는 제가 사랑하는 사람들에게 속하였습니다. 제가 사랑할 대상에게 속하였습니다.

제2과 성장하는 건강한 그리스도인

<암송요절> "오직 우리 주 곧 구주 예수 그리스도의 은혜와 그를 아는 지식에서 자라 가라 영광이 이제와 영원한 날까지 그에게 있을지어다."(벧후 3:18)

<읽을 말씀> 벧전 2:1-5, 히 5:12-6:3

희민이는 아주 오랫동안 교회에 출석했지만 그리스도인 모임에서 각자의 삶을 나누는 시간 마다 느끼는 것이 있었다. 그것은 평소에는 항상 당당한 자신이 그 시간에는 유난히 작아지는 느낌을 받곤 한다는 것이다. 어느 주일 저녁 희민이는 잠을 자려고 누워 그날 교회에서 있었던 일을 돌아보았다. 주일 예배 후에 점심식사를 하고 삼삼오오 테이블에 둘러 앉아 가벼운 대화를 하는데, 자연스럽게 지난 일주일간의 삶을 나누게 되었다. 모두 자신이 묵상했던 말씀, 전도하면서 있었던 일, 기도응답 받은 일 등등 모두 즐겁게 얘기했다. 그런데 희민이는 그 시간이 하나도 즐겁지 않았다. 할 얘기가 없었다. '좀 더 멋진 예배, 한국교회의 미래, 한국교회의 바람직한 목회자상, 헌금문제, 세계선교의 당면문제, 통일문제, 세계평화' 같은 얘기를 꺼내면 그래도 할 말이 많은데, 막상 자신의 얘기는 할 말이 없었다. 희민이는 곰곰이 생각해 보았다.

"나와 그들의 차이는 뭘까?"

그렇다고 희민이가 일주일에 한 번 주일 예배만 참여하는 그런 그리스도인은 아니었다. 수요예배, 금요철야기회, 성경공부 모임에두 틈틈이 참여하는 나름 모범 성도였다. 그런데 자신의 삶을 들여다보면 기쁨이 별로 없는 그리스도인이었다. 희민이는 혼잣말을 했다.

"그래, 나는 주님과 나와 단둘만의 시간이 없어!"

희민이에게는 말씀을 묵상하는 시간도, 개인기도 시간도 거의 없었다. 더구나 전도해본 일도 없었다. 혼자 성경을 진지하게 읽어본지도 언제인지 기억이 안날 정도로 아득했다. 희민이는 자신이 몇 년 전이나 지금이나 똑 같은 패턴으로 살고 있다는 것이 답답하고 짜증스러웠다. 지금의 생활패턴에서 벗어날 수 있는 길은 없을까를 고민하다가 잠이 들었다.

혹시 당신도 희민이와 같은 문제로 고민하고 있지 않습니까?

Ⅰ. 관찰 및 해석

1. 건강한 그리스도인은 점점 성장해야 합니다.(벧전 2:1-5)

　1) 그리스도인이 성장하기 위해서 버려야 할 것은 무엇입니까?(1절)

　2) 그리스도인이 성장하기 위해서 추구해야 할 것은 무엇입니까?(2절)

　3) 그리스도인은 최종적으로 어디까지 성장해야 할까요?(4-5절)

　4) 당신이 성숙한 그리스도인으로 성장하기 위해서 지금 당신에게 가장 필요한 것은 무엇입니까?

5) 당신이 생각하는 건강한 그리스도인의 모습은 어떤 것인지 나누어보세요.

2. 그리스도인은 점점 성장하여 초보를 벗어나야 합니다.(히 5:12-6:3)

  1) 교회에 출석한 기간과 신앙의 성숙은 어떤 관계에 있을까요?(12절)

  2) 오랫동안 교인임을 자처하면서도 신앙이 성장하지 않은 사람에 대하여 본문은 어떻게 표현하고 있습니까?(12b-13절)

  3) 신앙이 성장한다는 것은 무엇을 의미할까요?(13-14절)

  4) 신앙이 건강하게 성장하기 위해서 그리스도인이 실천해야할 것과 버려야 할 것들로는 무엇이 있을까요?(히 6:1-2절)

5) 그리스도인에게 "단단한 음식을 먹는다는 것" 은 어떤 의미일까요?

6) 당신에게는 성장하는 그리스도인이라는 증거가 있습니까?

II. 적용 및 실천하기

1. 적용

1) 당신이 건강한 그리스도인으로 성장하기 위해서 당신이 버려야할 것과 실천해야 할 것은 무엇입니까?

2) 당신은 개인적으로 어떻게 QT. 성경읽기, 묵상, 성경공부를 하고 있습니까?

3) 당신이 건강하고 균형잡힌 영적성장을 위해서 지금 당신에게 꼭 필요한
것들은 무엇입니까?

2. 실천하기

1) 암송요절을 반복해서 읽고 암송하십시오.
2) 다음과에 나오는 성경구절을 찾아서 읽으시오.
3) 부록에 나오는 성경 읽기표에 따라 매일매일 성경을 읽으시오.

신령한 젖을 사모하는 사람

"갓난 아기들 같이 순전하고 신령한 젖을 사모하라 이는 그로 말미암아 너희로 구원에 이르도록 자라게 하려 함이라." (벧전 2:2)

나의 경험으로 볼 때 운동을 꾸준히 하면 컨디션도 좋고 감기에도 잘 안 걸린다고 생각한다. 운동을 좋아하기 때문이기도 하지만, 이런 경험에 비추어서 나는 운동을 꾸준히 하려고 한다. 운동 중에서도 가능하면 뛰는 운동을 하려고 노력한다. 숨이 차도록 뛰는 운동을 계속하면 등산을 한다든지 운동 경기를 할 때 확실히 다르다는 것을 느낀다. 적당한 운동과 균형 잡힌 식사, 적절한 수면과 휴식이 어우러지면 건강한 삶을 살 수 있다는 것은 누구나 아는 상식이다. 병원에서 환자를 치료할 때도 운동처방이 상당한 비중을 차지하고 있다는 것도 널리 알려진 사실이다. 그러나 이 상식을 지키면서 사는 사람은 그리 많지 않다. 그리스도인도 마찬가지이다. 건강한 그리스도인으로 살아가기 위해서 필요한 것들을 소홀히 하는 그리스도인들이 많다.

주변을 돌아보면 건강한 그리스도인으로 살아가기 위해 가장 필수적인 '갓난 아기들 같이 신령한 젖을 사모' 하면서 사는 신자들이 많지 않다는 것이다. 목사로서, 그리스도인으로서 신령한 젖인 말씀을 사모하는 사람을 만난다는 것은 신나는 일이다. 맛있는 음식 앞에서는 누구나 자신의 의지와 관계없이 몸이 빠른 반응을 한다. 만일 병들지 않고 건강한 사람이라면 말이다. 그러나 '신령한 젖' 앞에서 반응하지 않는 그리스도인이 너무 많다. 이런 현상은 신자의 영적 건강에 이상 징후가 나타난 것이다. 더구나 계속해서 아무렇지도 않게 살아간다면 무감각증, 무신경증, 통각불감증 같은 심각한 질병에 걸려있을 가능성이 높다. 영적인 감각이 살아나고, 영적인 식욕이 되살아나야 한다.

제3과 그리스도인과 예배

〈암송요절〉 하나님은 영이시니 예배하는 자가 영과 진리로 예배할지니라.(요 4:24)

〈읽을 말씀〉 요 5:22-24, 시 62:1-12, 롬 12:1-2, 시 63:1-11

L목자는 희민에게 이렇게 말했다. "희민형제님, 잠깐 지난 며칠간의 생활을 뒤돌아보십시오. 희민형제님은 지난 며칠간의 삶이 만족스러웠습니까? 자신의 삶이 풍성하고, 행복했습니까? 예수님은 '내가 온 것은 양으로 생명을 얻게 하고 더 풍성히 얻게 하려는 것이라.'(요 10:10b)라고 말씀하셨습니다. 그리스도인은 예수님이 주시는 풍성한 삶을 경험하고 누리는 사람입니다. 희민형제님은 자신의 삶을 돌아볼 때 어떻습니까?"

희민이는 L목자의 말을 들으면서 이런 궁금증이 생겼다.

"풍성한 삶이란 무엇일까?"

"그리고 그 풍성한 삶을 살 수 있는 비결은 무엇일까?"

희민이가 속으로 이런 저런 생각을 하고 있을 때 L목자가 말을 이었다.

"풍성한 삶이란 예수 그리스도를 믿고, 그리스도 안에 거하며, 그 말씀 안에서 사는 삶입니다. 그리스도인은 하나님과의 교제를 통해서 풍성한 삶을 경험할 수 있습니다. 하나님과의 교제는 말씀, 기도, QT, 성도간의 교제를 통해서 이루어지는데 그 모든 것을 포함하는 가장 중요한 활동이 바로 예배입니다."

그렇습니다. 그리스도인은 예배를 통해서 하나님을 경배하고, 찬양하며, 기도하고, 하나님의 말씀을 듣게 됩니다. 그리스도인은 예배를 통해서 하나님을 만나고, 하나님과 교제하며 하나님의 도우심을 받게 됩니다. 예배를 통해서 그리스도인은 영적 필요들을 공급받게 되며, 예배를 통해서 그리스도인의 삶을 풍성하게 누리고 나눌 수 있습니다. 또한 예배는 그리스도인의 영적 갈증을 해결해주며, 영적으로 강건하게 해줄 뿐만 아니라 쉼과 평안을 누릴 수 있도록 도와줍니다. 그리스도인은 예배생활을 통해서 영적인 풍성함을 누릴 수 있습니다.

Ⅰ. 관찰 및 해석

1. 예배란 무엇일까요?(요 4:22-24)

1) 우리가 예배해야 할 분은 누구일까요?(22절)

2) 누가 참된 예배를 할 수 있을까요?(23절)

3) 참된 예배란 무엇일까요?(24절)

4) "영과 진리로 예배" 한다는 것은 어떻게 예배하는 것을 말할까요?

2. 우리는 어떤 예배를 드려야 할까요?(롬 12:1-2)

1) 성경이 그리스도인들에게 권하는 것은 무엇입니까?(1절)

2) 우리의 몸을 하나님이 기뻐하시는 산 제물로 드린다는 것은 어떤 것일까요?

3) 당신이 당신의 몸을 산 제물 드리기 위해서 준비해야 할 것은 무엇입니까?(2절)

4) 당신의 삶에서 가장 변화가 되기를 원하는 영역은 무엇입니까?

3. 우리는 누구를 예배할까요?(시 62:1-12)

　　1) 이 시편을 통해서 볼 때 예배란 무엇입니까?(1, 5, 11절)

　　2) 이 시편을 통해서 볼 때 예배하는 자는 어떤 사람입니까?(2, 6, 7,절)

　　3) 이 시편을 통해서 볼 때 예배하는 자가 가져야할 태도는 무엇입니까?(8-10절)

　　4) 우리는 누구를 예배할까요?(1, 7, 8)

4. 우리는 어떻게 예배해야 할까요?(시 63:1-11)

1) 이 시편을 통해서 볼 때 우리는 예배자로서 어떤 마음을 가져야할까요?(1, 6, 8절)

2) 이 시편을 통해서 볼 때 예배의 행위에서 중요한 것은 무엇입니까?(2, 3, 4, 5, 6b, 7, 11절)

3) 하나님을 예배하는 자와 하나님을 대적하는 자의 최후는 각각 어떻게 될까요?(9-11절)

4) 예배하는 자로서 당신은 예배에서 가장 중요한 것은 무엇이라고 생각합니까?

5) 당신의 예배생활이 당신의 삶에 어떤 영향을 끼치고 있습니까?

II. 적용 및 실천하기

1. 적용하기

1) 예배를 당신의 말로 정의하고 함께 나누어보세요.

2) 당신이 하나님께 가장 드리고 싶은 것은 무엇입니까?

3) 당신은 예배자로 잘 준비되어 있다고 생각합니까?

4) 당신의 삶에서 예배자로서 더 준비하고, 훈련해야할 부분은 무엇입니까?

2. 실천하기

    1) 암송요절을 반복해서 읽고 암송하십시오.

    2) 다음과에 나오는 성경구절을 찾아서 읽으시오.

    3) 부록에 나오는 성경 읽기표에 따라 매일매일 성경을 읽으시오.

이렇게 살게 하소서

"그러므로 형제들아 내가 하나님의 모든 자비하심으로 너희를 권하노니 너희 몸을 하나님이 기뻐하시는 거룩한 산제사로 드리라. 이는 너희의 드릴 영적 예배니라. 너희는 이 세대를 본받지 말고 오직 마음을 새롭게 함으로 변화를 받아 하나님의 선하시고 기뻐하시고 온전하신 뜻이 무엇인지 분별 하도록 하라."(롬 12:1,2절)

내가 뭔가를 하고, 뭔가를 이루고, 많은 사람들의 시선이 집중되는 곳에 우뚝 서야 멋지게 사는 것이라고 생각했던 때가 있었다. 그렇게 살기 위해서 나에게 주어진 시간, 환경, 기질과 잠재력까지 모두 동원을 해서 뭔가를 만들어내고, 뭔가를 이루어 내는 것이 최선이라고 생각했었다. 그렇지만 내가 추구하는 것과는 달리 내 자신을 스스로 돌아보면 늘 그저 그렇고 그랬다.

왜 그럴까?

열심히 살고 열심히 추구해도 왜 그냥 그렇고 그랬을까?

나를 돌아보면 나는 하나님께 나의 몸과 나의 삶을 굴복시킬 것을 요구하는 말씀 앞에서 나는 주저주저 할 때가 많았다. 그저 누군가로부터 용기 있는 사람이라는 말을 듣는 것을 좋아했다. 그리고 나는 용기 있는 사람처럼 살고 싶었다.

그런 내가 어느 순간에 깨달은 것이 있었다. 내가 뭔가를 하는 것보다 그냥 나의 모습 이대로 주님 앞에 내놓는 것이 먼저라는 것이었다. 그것을 주님이 더 기뻐하신다는 것을 깨달았다. 나의 길을 고집했던 것도 꺾기로 했다. 지난 시간 내가 했던 모든 것이 모래톱 위에 세운 모래성처럼 어느 순간에 무너질 수 있는 허무한 것임을 알게 되었다. 나의 의지대로 살았던 나의 삶은 한 마디로 "이 세대를 본받는 삶" 이었다. 이세대의 사람들의 틈에 끼어서 그들의 사고와 행동양식을 흉내 내면서 사는 삶 이었다.

그러나 이제 이 세대의 사람들과 함께 공존하면서도 그들과 구별된 삶을 풀어가고 싶다. 주님과 교제하면서 나의 삶으로부터 일어나는 메시지를 나눌 수 있는 장을 열어주시기를 기도한다.

제4과 그리스도인과 기도

〈암송 요절〉 "만물의 마지막이 가까이 왔으니 그러므로 너희는 정신을 차리고 근신하여 기도하라." (벧전 4:7)

〈읽을 말씀〉 마 6:5-15

홍수는 그리스도인이 된 후에 고민이 생겼다. 그것은 다름이 아닌 기도하는 것이 힘들다는 것이었다. 찬양하는 시간도 즐겁고, 예배시간도 즐겁고, 성도들과 식사하고, 대화하는 모든 시간이 즐거운데, 함께 기도하는 시간이 부담스럽고, 혹시나 기도를 하라고 하지 않을까라는 생각이 들면 그 자리를 피하고 싶다는 생각을 했다. 게다가 교회에서 만나는 사람마다 기도해야 한다는 말을 자주 하는데 그 말을 들을 때마다 부담스러웠다. 홍수는 속으로 이렇게 생각했다.

"나에게도 기도하는 것이 부담스럽지 않을 때가 올려나?"

"나도 과연 유창하게 기도할 수 있을까?"

"나도 J집사님처럼 오랫동안 기도할 수 있을까?"

"나도 성도들을 대표해서 떨지 않고, 긴장하지 않고 기도할 수 있을까?"

"나에게도 기도하는 시간이 가장 의미 있는 시간으로 느껴질 때가 과연 올까?"

홍수는 마침내 자기의 고민을 목장모임에서 털어 놓게 되었다. 홍수의 고민을 들은 정진 목자는 가벼운 미소를 지으며 기도에 대해서 말하기 시작했다.

"형제님, 흔히 기도는 영혼의 호흡이라고도 하고, 하나님과의 대화라고도 합니다. 기도를 영혼의 호흡이라고 하는 이유는 기도는 그리스도인의 삶에서 필수적이기 때문이며, 호흡은 우리 몸속의 이산화탄소를 내뿜고 신선한 산소를 몸에 공급하는 것처럼 기도는 죄를 고백하고 하나님의 용서와 성령충만을 받는 삶을 사는 끊임없는 과정이기 때문입니다. 그리고 기도를 대화라고 하는 이유는 모든 그리스도인들의 기도를 들으시는 하나님께 기도를 통해서 자신의 마음의 상태와 처지와 상황을 모두 하나님께 일일이 말하고, 하나님으로부터 응답을 받기 때문에 기도를 대화라고 합니다. 기도는 하나님 아버지와 그의 자녀들의 관계를 전제로 하며, 친밀감 속에서 이루어집니다. 그리스도인은 기도를 통해서 하나님 안에 거하는 삶을 살게 됩니다. 또한 기도를 영적 호흡이라고 합니다. 기도는 모든 그리스도인의 특권이며, 기도하라는 명령을 받고 있습니다. 기도는 사람에게 보이기 위해서 하는 것이 아닙니다. 또한 기도는 유창하게 하거나 오랫동안 해야 하는 것도 아닙니다. 다만 우리는 기도를 통해서 기도를 배우고, 기도함으로 더 많은 기도제목들이 생각나게 됩니다."

혹시 당신도 홍수가 부담을 느끼고 있는 것처럼, 기도하는 것이 부담스럽지 않습니까?

I. 관찰 및 해석

1. 성경은 기도하라고 명령하고 있습니다.(마 6:5-15절)

  1) 우리는 누구에게 기도할까요?(6,9절)

  2) 기도하는 사람이 해서는 안 되는 것은 무엇입니까?(5,7절)

3) 그리스도인이 기도할 때 먼저 알아야 할 것은 무엇입니까?(8, 14-15절)

4) 기도는 특별한 형식이 있는 것은 아니지만 예수님이 보여주신 모델을 통해서 기도에 포함되어야 하는 것은 무엇입니까?

    (1) 마 6:9-10

    (2) 마 6:11,13

    (3) 마 6:12

    (4) 마 6:13b

5) 기도할 때 우리가 가져야할 중요한 태도는 무엇입니까?(14-15절)

·

2. 예수님은 눅18:1-8절에서 우리에게 기도에 대한 중요한 가르침을 주고 있습니다.

1) 이 본문에서 왜 예수님은 사람을 무시하는 재판장과 한 과부를 등장시켜 기도에 관하여 말씀하셨을까요?

2) 만일 하나님이 여기에 나오는 나쁜 재판장처럼 사람을 무시하고, 도대체 누구의 말도 들으려 하지 않는 분이라면 당신은 어떻게 기도하시겠습니까?

3) 기도하다가 낙심한다는 것은 무엇일까요?

4) 당신이 현재 기도하고 있는 것 중에 가장 오랫동안 기도하고 있는 제목은 무엇이며, 언제부터 기도하고 있습니까? 지금까지 기도하면서 느끼고 있는 것은 무엇입니까?

5) 당신이 기도하다가 중도에 포기한 기도는 어떤 것들이 있습니까?

3. 우리가 하나님 아버지께 기도하면서 반드시 알아야 할 것이 있습니다.(롬 8:26-34)

1) 모든 그리스도인의 기도생활에 개입하시는 분은 누구이며, 어떻게 개입하실까요?(26절)

2) 우리가 누구를 위해서 중보기도를 하려고 할 때, 기도 대상자의 진짜 필요가 무엇인지 우리는 알 수 없는 경우가 많습니다. 그렇다면 어떻게 해야 할까요?(27절)

3) 당신은 로마서8:28절을 당신의 기도생활에 어떻게 적용하고 있습니까? 앞으로는 어떻게 적용하고 싶습니까?

4) 롬 8:31-32절을 읽고 하나님께서 우리에게 열어놓으신 기도의 문은 얼마나 넓은지, 약속이 얼마나 큰지 함께 나누어보세요.

5) 예수 그리스도가 그리스도인의 기도생활에서 얼마나 중요한 분인지 함께 나누어보세요.(33-34절)

II. 적용 및 실천하기

1. 적용하기

1) 예수님께서 가르쳐주신 기도의 모범을 통해서 볼 때 기도에는 찬양, 죄의 고백, 간구, 감사가 균형을 이루는 것이 좋습니다. 당신의 기도생활을 평가해 볼 때 어떤 부분이 부족한지 함께 나누어 보세요.

2) 당신은 기도하다가 중간에 포기한 때를 생각해보십시오. 당신은 왜 포기했었습니까?

3) 당신의 기도생활에 성령의 도우심이 얼마나 영향을 미치고 있습니까?

4) 당신이 기도할 때 "예수님의 이름으로 기도합니다." 라고 말하는 의미는 무엇입니까?

2. 실천하기
1) 암송요절을 반복해서 읽고 암송하십시오.
2) 다음과에 나오는 성경구절을 찾아서 읽으시오.
3) 부록에 나오는 성경 읽기표에 따라 매일매일 성경을 읽으시오.

기도의 골방

"너는 기도할 때에 네 골방에 들어가 문을 닫고 은밀한 중에 계신 네 아버지께 기도하라 은밀한 중에 보시는 네 아버지께서 갚으시리라." (마 6:6)

나는 넓은 다락방이 있는 집에서 살았던 적이 있다. 비록 단칸방이었지만 그 때는 그 다락방이 있어서 참 좋았다. 천장이 낮아서 허리를 굽히고 들어가야 했다. 그렇지만 그 다락방은 나의 좋은 기도실이었다. 주님과 은밀하게 만날 수 있는 공간이었다. 기도할 장소가 없어서 기도하지 못하는 것도 아니건만 다만 그땐 그 공간이 있다는 것이 여간 다행이 아니었다. 그런데 돌아보면 이렇게 생각되기도 한다. "그 때 내가 기도했기 때문에 그 다락방을 기도실로 사용할 수가 있었지 않았을까?"

그로부터 시간이 한참 흐른후, 어느 날 책에서 이런 글을 읽고 얼마나 마음이 찔렸는지 모른다. "은밀히 기도하는 삶이 없으면서 공적인 예배시간이나 공적인 기도시간에만 기도하고 있다면 당신은 외식하는 자이다." 나는 수없이 외식하는 자였으며, 여전히 외식하는 삶을 살아간다. 빈틈이 없이 촘촘히 나만의 은밀한 기도를 즐기고 싶다. 은밀한 기도 속에서 주님이 주시는 힘과 은혜를 마시고 싶다. 시간이 지나면 지날수록 조금씩 더 깊은 기도 속에서 주님과의 만남을 즐기고 싶다.

그리스도인에게 기도는 가장 큰 특권이자 의무이다. 때론 기도해도 아무런 일도 일어나지 않는 것처럼 느껴질 때가 있다. 그러나 기도하지 않으면 금방 표시가 난다. 나의 마음에 평화가 사라지고, 기쁨이 사라진다. "내가 기도를 쉬었구나!" 라고 생각했을 때는 이미 기도하지 않음으로 인한 깊은 신음을 하고 있을 때이다. 주님과의 깊은 만남이 없을 때 허허로움과 메마름과 심한 내면의 갈증에 시달리고 있음을 곧 알게된다.

제5과 전도자 베드로

〈암송 구절〉 "베드로가 이르되 너희가 회개하여 각각 예수 그리스도의 이름으로 세례를 받고 죄 사함을 받으라 그리하면 성령의 선물을 받으리니" (행 2:38)

〈읽을 말씀〉 행 2:22-42, 행 3:11-26

사도행전의 전반부(1-12장)의 중심인물은 베드로입니다. 베드로는 예수님과 가장 가까이에서 가장 많은 시간을 함께한 제자였습니다. 뿐만 아니라 베드로는 "주는 그리스도시요 살아계신 하나님의 아들"(마16:16)이라고 거침없이 신앙고백을 하여 예수님의 칭찬을 받았습니다. 그러나 예수님이 고난을 받으시고, 죽으시고, 부활하실 것을 말씀하셨을 때 예수님을 붙들고 항변하다가 "사탄아 내 뒤로 물러가라!"는 말씀을 듣기도 했습니다.(마16:21-23) 또한 "주를 위하여 내 목숨을 버리겠나이다."(요13:37)라고 장담했지만 막상 예수님이 잡히시던 밤에 베드로는 예수님을 "멀찍이 따라가서"(눅22:54) 한 여종을 비롯하여 사람들 앞에서 세 번이나 예수님을 부인하는 나약함을 보이기도 했습니다. 복음서에 나타난 베드로는 예수님의 사랑도 많이 받았고, 인정받는 제자였지만, 성격적인 면에서 보면 저돌적이고, 괄괄하며, 어딘가 모르게 허점을 많이 보이기도 했으며, 한편으로는 용감하고, 즉각적인 반응을 나타내는 성격으로 묘사되고 있음을 볼 수 있습니다.

그렇지만 거기가 끝이 아니었습니다. 오순절 날 제자들이 한 곳에 모여 기도할 때 성령이 임하였고 그 자리에 모였던 제자들에게 엄청난 변화가 일어났습니다.(행2:1-4) 그 중에 대표적인 인물이 베드로였습니다. 예수님의 제자로서의 베드로의 참 모습은 성령을 받은 후에 나타났습니다. 베드로는 이전의 좌충우돌 하던 베드로, 성급하지만 나약한 베드로, 반응은 빠르지만 신중하지 못한 베드로가 아니었습니다. 담대함과 확신, 능력 있는 전도자, 설교자였습니다.

이 과에서는 예수님의 수제자이며, 사도행전 전반부의 핵심인물인 베드로의 전도에 대해서 공부하겠습니다.

Ⅰ. 관찰 및 해석

1. 행 2:22-42읽고 베드로의 전도 설교를 통해서 베드로가 전도한 현장, 설교의 핵심 그리고 전도설교를 통해 어떤 일들이 일어났는지 같이 공부하겠습니다.

   1) 베드로가 전도한 대상은 누구였습니까?

    (1) 베드로는 누구 앞에서 전도했습니까?(2:22절)

    (2) 베드로는 왜 시편을 인용했을까요?(시 16:8-11, 25-28절)

    (3) 베드로는 다윗과 예수님을 비교하여 설교하였는데, 그 차이는 무엇입니까?(29-34절)

   2) 베드로 설교의 핵심은 무엇이었습니까?(22-24절; 36절)

3) 베드로의 전도설교를 들은 사람들의 반응은 어떠했습니까?(37절)

4) 베드로는 설교를 듣고 설교에 반응을 보인 사람들을 어떻게 이끌었습니까?(38절)

5) 베드로는 그의 설교를 들은 사람들이 회개하고, 예수 그리스도의 이름으로 침례(세례)를 받고, 죄사함을 받으면 그들에게 어떤 일이 일어날 것이라고 말했습니까?(38-40절)

6) 베드로의 설교 결과 어떤 일들이 일어났습니까?(41-42절)

2. 사도행전에 나오는 베드로의 두 번째 전도설교인 행 3:11-26을 읽고 초대교회의 전도현장으로 가보겠습니다.

1) 베드로가 본문의 전도설교를 하기 직전에 일어난 사건은 무엇입니까?(1-8절)

2) '성전 미문에 앉아 구걸하던 나면서부터 못 걷게 된 사람'을 고친 사건이 사람들에게 미친 영향은 어떠했습니까?(9-11절)

3) 이 사건을 보는 베드로와 백성들의 시각은 어떤 차이가 있습니까?(12절)

4) 베드로는 이 사건이 어떻게 일어났다고 설명했습니까?(13-16절)

5) 베드로는 이 설교를 듣는 자들의 관심을 이 사건으로부터 누구에게로 향하게 하였습니까?(18절)

6) 베드로가 이 설교를 통해 도전하고 있는 것은 무엇입니까?(19, 26절)

7) 회개하고 예수 그리스도를 믿는 자들의 소망은 무엇입니까?(20-21절)

II. 적용 및 실천

1. 적용

1) 당신이 누군가에게 전도할 때 당신이 전하려고 하는 것이 준비되어 있습니까? 전하려고 하는 핵심 내용은 무엇입니까?

2) 전도 현장에서 복음의 본질을 훼손하지 않으면서 전도대상자의 이해를 돕기 위해 사용할 수 있는 비유들이나 인용 가능한 것들은 어떤 것들이 있을까요?

3) 당신은 전도할 때 전도대상자가 결단을 하도록 도전하고 있습니까? 어떻게 도전하면 결단을 도울 수 있을까요?

2. 실천하기

1) 암송요절을 반복해서 읽고 암송하십시오.
2) 다음과에 나오는 성경구절을 찾아서 읽으시오.
3) 부록에 나오는 성경 읽기표에 따라 매일매일 성경을 읽으시오.

가만히 서서 여호와의 행하심을 보라

"모세가 백성에게 이르되 너희는 두려워 말고 가만히 서서 여호와께서 오늘날 너희를 위하여 행하시는 구원을 보라"(출 14:13)

출애굽 직전의 이스라엘 백성들은 애굽에서 비참한 노예의 신분으로 힘들고 고통스럽게 살아가면서도 벗어나려는 의지도 노력도 없었던 것 같다. 그야말로 메뚜기처럼 무지렁이처럼 살다가 죽는 것 외에 다른 길을 생각해본 적이 없는 사람들 이었던 것 같다. 그럼에도 하나님은 모세를 보내어 그들을 고통의 현장에서 탈출시켜 주셨다. 거기가 끝이 아니었다. 애굽을 떠난 그들의 뒤를 바로와 그의 군대들이 뒤쫓아 왔다. 이스라엘 백성들은 그들을 뒤쫓는 자들을 향하여 싸워 이길 능력도 없고, 그렇다고 결사 항전할 의지마저도 없었다. 드디어 모세를 원망하기에 이른다. "우리를 묻을 곳이 없어서 끌고 나와서 이렇게 비참한 최후를 맞게 하는 겁니까?" 모세는 "그게 아니다." 라고 말하지 않았다. "두려워하지 않으면 된다. 너희가 노력할 필요 없이 가만히 서서 여호와께서 어떻게 행하시는지 보라."

우리는 모든 상황에서 열심히 움직이고, 열심히 탐구하고, 최선을 다해서 노력하면 뭔가 이룰 수 있다고 믿고, 전심전력 할 때가 많다. 최선의 노력을 하면 이룰 수 있다는 굳은 신념으로 무장하기도 한다. 그런데 최선을 다하는 것조차도 쉬운 일이 아닐 뿐만 아니라 최선을 다해도 되지 않는 일들이 너무 많다. 주님만이 하실 수 있는 상황, 주님께만 길이 있을 때가 있다. 이때 우리의 최선을 다하려고 발버둥치는 것보다 여호와께서 행하시는 일을 가만히 서서 보는 것이 참다운 믿음의 모습이기도 하다. 주님의 행하심을 기다리는 것이다. 그것은 무관심이 아니고 하나님께 맡기고 의지하는 것이다. 바로 "내" 가 하나님을 바라볼 때, "나" 를 통해서 하나님의 뜻을 이루어 가신다. 그것을 보고, 경험하는 것은 얼마나 흥분되고 신나는 일인가?

제6과 그리스도인과 헌신

〈암송요절〉 "값으로 산 것이 되었으니 그런즉 너희 몸으로 하나님께 영광을 돌리라" (고전 6:20)

〈읽을 말씀〉 고전 6:12-20, 요 6:25-40, 마 21:28-31

　　희민이는 교회에 처음 출석하던 날 주일 예배후에 교인들이 서로 인사를 나누는 화목한 분위기를 보면서 "이 세상에 이런 사람들도 있구나!" 라는 생각을 했다. 모르는 사람들이 먼저 찾아와 인사를 건네며, 반갑게 맞아주었다. 희민에게 다가와서는 형제님이라고 불러주는 것도 싫지 않았다. 태어나서 처음 보는 사람들이 자신을 형제라고 부르는 것이 어색하기도 했지만 가족 같은 분위기를 느끼게 되었다. 따뜻하고, 정겨웠다.

　　그런데 희민이는 시간이 지나면서 전에는 보이지 않던 것들이 보이기 시작했다. 처음에는 친절하게 다가와 인사하는 성도들만 보였는데, 예배당 뒤쪽에 무표정하게 앉아 있는 교인이 보이기 시작했다. 집에서 무슨 일이 있었는지 주일예배 내내 무거운 얼굴로 앉아 있는 교인도 보였다. 기도가 힘들다고 말하는 교인도 있었고, 교회에서 봉사하는 것이 힘들다고 말하는 교인이 있다는 것도 알게 되었다. 주일날 헌금을 드리는 것에 부담을 느낀다고 말하는 교인의 얘기도 들렸다. 사소한 일로 성도들 간의 갈등으로 힘들어하는 교인의 얘기도 들렸다. 교회 안에 있는 문제들이 보이기 시작하면서 그 문제들이 희민이의 삶에도 영향을 미치기 시작했다. 교회가 처음에는 천국 간다는 느낌을 받았었는데, 점차 "교회 안에도 크고 작은 문제들이 있으며, 그 문제들을 버거워하는 사람들이 있구나!" 라는 생각을 하게 되었다.

　　혹시 당신도 희민이와 같은 상황에 놓여 있지 않습니까?

　　그리스도인의 삶은 하나님 나라의 백성으로 사는 삶입니다. 이 삶은 예수 그리스도의 성품을 닮아가는 삶입니다. 그리스도인은 삶의 전 영역에서 그리스도의 지배를 받는 삶으로 점차 변화되어야 합니다. 자신의 몸은 물론, 시간, 물질, 관계 등 모든 것이 하나님 안에 있어야 합니다. 그것이 바로 헌신의 기초입니다. 그리스도인은 영적 성장을 통해 말씀 안에, 성령 안에 거하며 말씀을 따라 살아야 합니다. 그리스도인의 삶은 모든 것이 은혜입니다. 그리스도인은 믿음이 성장하면서 교회를 좀 더 깊이 바라보게 되고, 교회는 모두 변화의 과정에 있는 사람들로 구성되어 있다는 것을 서서히 알게 됩니다. 자신이 그 교회의 지체라는 것을 알게 되며, 교회에서 어떤 역할을 해야 하는지를 조금씩 알게 됩니다. 희민이처럼 그저 다른 성도들이 더 많이 사랑해주고, 더 멋진 모습을 보여 주기만을 기다린다면 교회는 교회다움을 점점 잃어버리게 될 것입니다. 따라서 그리스도인은 교회 공동체 안에서 자신에게 주어진 은사를 따라 몸의 지체로서의 역할을 감당해야 합니다.

그리스도 안에서 거듭나고, 하나님의 은혜를 경험하고, 그리스도의 제자로 살아가기 위해서는 삶이 변해야 합니다. 변화된 사람에게는 모든 것이 감사의 조건이 됩니다. 그 감사는 삶을 통해서 자연스럽게 헌신으로 나타나야 합니다. 이 과를 함께 공부하면서 그리스도인으로서 헌신의 토대를 마련하는 시간이 되길 바랍니다.

Ⅰ. 관찰 및 해석

1. 왜 우리는 헌신을 해야 할까요?(고전 6:12-20)

1) 그리스도인들에게 허용된 것과 그리스도인들에게 유익한 것은 어떤 차이가 있을까요?(12절)

2) 그리스도인과 예수님은 어떤 관계일까요?(11, 13절)

3) 그리스도인을 가리켜 '그리스도의 지체'라고 하는데, 이 말의 의미는 무엇일까요?(15, 17절)

4) 엄격한 의미에서 그리스도인은 자신의 의사결정권을 누구에게 양도해야 할까요?(19절)

5) 그리스도인의 궁극적인 삶의 목적은 무엇이어야 할까요?(20절)

2. 그리스도인에게 명령하신 가장 중요한 하나님의 일은 무엇일까요?(요 6:25-40)

1) 예수님을 만나기 위해 가버나움 건너편으로부터 무리들이 왔을 때 예수님은 그들이 당신을 찾는 이유를 알고 있었습니다. 그들이 예수님을 찾은 이유는 무엇이었습니까?(26절)

2) 하나님께서 보여주신 대표적인 표적 두 가지는 무엇이며, 그 두 표적 중에 가장 결정적인 표적은 무엇입니까?(31-33절)

3) 하늘에서 내려온 생명의 떡은 어떤 능력이 있습니까?(35절)

4) 이 생명의 떡을 경험하고, 누릴 수 있는 사람은 누구입니까?(36-37절)

5) 생명떡 되신 예수님께서 이 땅에 오신 목적은 무엇입니까?(38-40절)

6) 무리들은 예수께서 27절에 말씀하신 '영생하도록 있는 양식을 위하여 하라' 는 말씀을 어떤 의미로 이해했습니까?(28절)

7) 그리스도인들이 실천해야 할 가장 기본적이면서 가장 중요한 하나님의 일은 무엇입니까?(29절)

8) 그리스도인들은 궁극적으로 무엇을 추구하면서 살아야할까요?(27절)

3. 하나님의 뜻대로 하는 헌신이란 어떤 것일까요?(마 21:28-31)

1) 당신은 두 아들 중에 어떤 타입입니까?

2) 예수님께서 이 비유를 말씀하신 것은 예수님은 과정보다는 결과를 중요하게 여기신다는 의미로 이해해도 될까요?

3) 두 아들 중에 진짜 순종한 아들은 누구입니까? 그렇게 생각하는 이유는 무엇입니까?

4) 이 비유와 헌신은 어떤 관계가 있다고 생각하십니까?

II. 적용 및 실천하기

1. 적용하기

1) 당신의 친구가 당신의 삶의 목적이 무엇이냐고 진지하게 묻는다면 당신은 어떻게 대답하시겠습니까?

2) 당신은 당신을 향한 하나님의 뜻이 무엇이라고 생각하십니까?

3) "당신은 그리스도인으로서 시간과 물질과 재능으로 헌신해야 합니다." 라는 말이 당신에게 어떤 의미로 다가옵니까?

2. 실천하기

1) 암송요절을 반복해서 읽고 암송하십시오.
2) 다음과에 나오는 성경구절을 찾아서 읽으시오.
3) 부록에 나오는 성경 읽기표에 따라 매일매일 성경을 읽으시오.

문지기라도 좋습니다

"주의 궁정에서 한 날이 다른 곳에서 천 날보다 나은즉 악인의 장막에 거함보다 내 하나님 문지기로 있는 것이 좋사오니" (시 84:10)

많이 소유하려는 마음은 대부분의 현대인이 추구하는 것이다. 자신이 인정하든 안하든 어느 시대를 막론하고 모든 인간은 이런 욕망의 노예라고 해도 과언이 아니다. 인간은 더 넓게 소유하고, 보다 많이 소유하고, 보다 다양하게 소유 하고, 보다 많이 누리고 싶어 한다. 그 욕망을 채우기 위해 사람들은 수단과 방법을 가리지 않는다. 브레이크 없는 기차처럼 돌진하고 있다. 비정하고, 냉정하고, 독하게 살아간다. 인간의 욕망은 너무 크고, 깊어서 그 무엇으로도 만족시킬 수 없다. 그럼에도 불구하고, 그 목표를 향해 쉴 새 없이 시간과 정열을 쏟는다. 이미 가진 것들과 동원할 수 있는 모든 역량을 총동원한다. 그러나 우리가 간과하는 것이 있다. 따라서 우리는 이런 질문을 던져봐야 한다.

"이것이 행복인가?"

"이것이 참다운 삶인가?"

"이것이 진정한 삶의 목적인가?"

그리고 진지하게 하나님 앞에서 자신에게 이렇게 물어봐야 한다.

"내가 원하는 것이 하나님이 나에게 주시고 싶어 하시는 것과 일치하는가?"

"내가 기뻐하는 것이 하나님이 기뻐하시는 것과 일치하는가?"

"내가 기대하는 것이 하나님의 계획과 일치하는가?"

우리가 알아야 할 것은 "내" 가 하나님의 편에 서서, 하나님과 함께 할 때 진정한 행복을 누릴 수 있다는 것이다. 비록 문지기라 할지라도 주님과 함께하는 삶이 행복하다는 것을 깨닫는 것이 은혜이다.

나는 소망하고 기도한다.

"그냥 주님이 계신 곳이기 때문에 감사하고, 주님과 함께 할 때 가장 행복감을 느끼게 해주십시오. 큰소리치면서, 나의 능력과 나의 소유를 자랑하려는 어리석음으로부터 벗어나게 해주십시오. 겸손할 수 있고, 낮아질 수 있는 지혜를 가르쳐주십시오. 심령의 가난함을 사모하고, 가난한 심령으로 살게 해주십시오."

제7과 하나님과 함께 하는 시간 즐기기(QT하기)

<암송 요절> "내가 주의 법을 어찌 그리 사랑하는지요 내가 그것을 종일 작은 소리로 읊조리나이다." (시 119:97)

<읽을 말씀> 시 19:7-14, 시편 32:1-11

경건의 시간(QT)이란 무엇일까요?

경건의 시간(QT)은 한 마디로 하나님과 교제시간입니다. 경건의 시간은 하나님의 말씀인 성경을 묵상하면서 우리의 마음과 뜻을 하나님께 말씀드리면서 교제하는 것을 말합니다. 따라서 경건의 시간은 말씀과 함께하는 시간입니다. 그런 의미에서 경건의 시간은 하나님의 말씀을 듣는 시간이기도 합니다. 말씀은 곧 하나님이시고, 예수님이시며, 그리스도인의 삶에 필수적인 영의 양식입니다. 이 말씀은 그리스도인의 삶의 방향을 제시하며, 행동의 지침이 됩니다. 또한 경건의 시간(QT)은 성령께 의존하는 시간입니다. 성령은 죄를 생각나게 하시고, 무엇을 간구해야 할 것인지를 깨닫게 해주십니다. 경건의 시간은 기도하는 시간입니다. 당신은 경건의 시간에 말씀을 꼼꼼히, 반복해서 읽고, 그 말씀을 묵상하며, 그 말씀을 삶에 적용해야 합니다. 당신의 계획, 당신의 언어, 당신의 의지와 당신 삶의 여러 상황을 말씀에 굴복시키기도하고, 말씀에 조화를 이루게도 하며, 말씀 위에 세워지도록 말씀을 의지해야 합니다.

경건의 시간에 하나님과 보다 깊은 교제를 즐기기 위해서는 하나님과 당신 사이에 막힌 것이 없어야 합니다. 하나님과 인간이 교제하는데 제일 방해가 되는 것은 '죄'입니다. 경건의 시간은 마치 막힌 담을 허는 것처럼 죄를 고백함으로 교제를 회복해야 합니다. 말씀과 성령께서 생각나게 하는 죄를 고백하고, 회개하는 자세를 가져야 합니다.

Ⅰ. 관찰 및 해석

1. 하나님과의 교제는 왜 필요한가?(시 32:1-11)

1) 우리가 하나님과의 교제가 단절되어 있을 때 우리의 삶은 어떤 상황에 놓이게 되는가?(3-4절)

2) 당신이 하나님과 교제하지 못하도록 만드는 문제는 어떤 것들이 있을까요?(9절)

3) 당신이 만일 죄로 인해 하나님과의 교제가 단절되어 있다면 당신은 어떻게 하겠습니까?(5절, 요일 1:9)

4) 당신이 지은 모든 죄를 하나님께 고백한다면 당신에게 어떤 일이 일어날 것이라고 생각합니까?(1-2절, 10절)

5) 당신이 하나님과의 교제를 지속적으로 유지해 나간다면 당신의 삶은 어떻게 될 것이라고 생각합니까?(6-8절)

6) 당신이 하나님과 교제가 깨지지 않고, 지속적으로 유지되기 위해서 당신이 해야 할 일은 어떤 것들이 있을까요?(11절, 시 1:1-2절)

2. 경건의 시간(QT)은 말씀을 묵상하고, 느끼고, 즐기는 시간입니다.(시 19:7-14)
   1) 하나님의 말씀은 어떤 능력이 있습니까?(7-9절)

   2) 당신은 하나님의 말씀을 대할 때 어떤 태도를 가져야 할까요?(10-11절)

3) 만약 당신이 죄 가운데 있다면, 그 때 하나님의 말씀은 어떤 역할을 할까요?(12-13절)

4) 당신이 항상 하나님 앞에서 가져야할 태도는 무엇일까요?(14절)

5) 다음 성경구절을 찾아 밑줄을 긋고, 당신이 생각하는 좋은 묵상이란 어떤 것인지 함께 나누어 보세요.(시 119:15, 23, 27, 48, 78, 97, 99, 148)

II. 적용 및 실천하기

1. 적용하기

1) 당신은 규칙적으로 경건의 시간(QT)을 갖고 있습니까?

2) 당신의 삶에서 하나님과의 교제를 막는 것들이 무엇이며, 어떻게 극복하고 있는지 나누어보세요.

3) 보다 풍성한 경건의 시간(QT)을 위한 경험이나 계획을 함께 나누어보세요.

2. 실천하기

1) 암송요절을 반복해서 읽고 암송하십시오.

2) 다음과에 나오는 성경구절을 찾아서 읽으시오.

3) 부록에 나오는 성경 읽기표에 따라 매일매일 성경을 읽으시오.

여호와께로 돌아가자

"우리가 스스로 우리의 행위들을 조사하고 여호와께로 돌아가자 우리의 마음과 손을 아울러 하늘에 계신 하나님께 들자!" (애 3:40,41)

인간은 어떤 면에서 보면 참으로 위대하다. 머리도 좋고, 힘도 세고, 못하는 것이 없다. 산도, 땅도, 바다도 이리저리 옮길 수 있다. 인간의 능력에 대해서 인간들은 스스로 감탄하기도 한다. 인간의 능력은 끝이 없고, 문명은 끝이 없이 발전할지도 모른다는 생각을 품게 한다. "과연 끝이 없을까?" 별도 따고, 달도 따고, 없는 별도 만들고, 햇볕이 쨍쨍 내려 쪼이는 파란 하늘에서 비도 내리게 한다. 못 고치는 병이 없는 것 같고, 곧 모든 인체의 신비까지 완벽하게 파헤쳐질 기세다.

인간은 위대하다.

그런데 정말 그런가?

정복하지 못하는 것이 없고, 만들지 못하는 것이 없고, 이루지 못하는 것이 없을 것 같은 인간에게 "정말 그런가?"라고 다시 물으면 점점 그 질문에 대답하는 것이 궁색해진다.

지진은 어떤가? 살짝 흔들면 수백, 수천 아니 수만 명이 죽는다.

바람은 어떤가? 인간이 토네이도나 태풍을 이길 수 있는가? 인간에게 그 바람들을 막아낼 대책은 있는가?

우리는 무심코 지나지만, 우리의 몸에 살짝만 이상이 와도 우리는 잠을 이룰 수 없고, 생명의 위협을 느낀다. 그 고통이 얼마나 큰가? 환경에 살짝만 변화를 주어도 우리는 죽는다고 아우성이다. 깊이 들여다보면 인간에게 위대하달 것이 없다.

하나님이 주신 지혜를 누리면서 그 지혜를 주신 분을 망각하고 오히려 서로를 바라보면서 찬사를 보내고 있는 것이다. 하나님 외에는 길이 없는데도 인간은 끊임없이 스스로 길을 만들려고 노력한다. 그러나 결국은 여호와께로 돌

아가야 한다. 하나님께 항복하고, 하나님께로 돌아가 마음과 손을 함께 모아
겸손의 기도를 드려야 한다.

제8과 그리스도인과 영적싸움

〈암송 요절〉 "우리의 씨름은 혈과 육을 상대하는 것이 아니요 통치자들과 권세들과 이 어둠의 세상 주관자들과 하늘에 있는 악의 영들을 상대함이라." (엡 6:12)

〈읽을 말씀〉 마 4:1-11; 롬 8:31-39; 엡 6:10-17

어느 날 희민은 한 면이 투명한 유리로 된 건물에서 무심코 밖으로 나오려다가 유리문에 얼굴을 부딪혔다. 안경이 바닥에 떨어지고, 얼굴이 벌겋게 상기되었다. 유리에 얼굴이 부딪힐 때 희민의 눈은 다른 곳을 보며, 속으로 뭔가를 골똘히 생각하고 있었다. 유리가 너무 투명해서 안 보인 것이 아니라, 다른 것을 보고 있었기 때문에 희민은 유리문을 볼 수 없었다.

그리스도인 중에도 영적싸움의 대상이 있다는 것을 인정하려고 하지 않는 사람들이 있습니다. 그러나 비록 당신의 눈에 보이지 않는다고 하더라도 당신 앞에 영적싸움의 실체가 있다는 것을 알아야 합니다. 영적싸움의 상대인 사탄의 실존은 성경에도 끊임없이 언급되고 있습니다. 그렇지만 당신은 염려하거나 두려워할 필요가 없습니다. 왜냐하면 당신은 하나님의 자녀이기 때문이다. 당신이 알아야 할 것은 그리스도인을 위협하는 사탄은 이미 영적싸움에서 패했음이 그리스도의 부활로 입증되었으며, 성경은 승리를 선포하고 있습니다. 사탄의 어떤 위협과 공격으로도 하나님의 보호하심에서 당신을 빼앗아 갈 수 없음을 알아야 합니다. 그럼에도 당신과 모든 그리스도인은 여전히 영적싸움의 현장에 있습니다. 이 과에서는 당신이 영적싸움에서 온전히 승리하기 위해서 하나님의 말씀을 통한 그리스도의 모범과 하나님의 전략과 영적싸움에서 사용할 수 있는 무기에 대해서 공부하겠습니다.

Ⅰ. 관찰 및 해석

1. 그리스도께서도 시험을 당하셨습니다.(마 4:1-11)

  1) 누가 예수 그리스도를 시험했습니까?(1절)

  2) 그리스도께서는 어떤 상황에서 시험을 당하셨습니까?(1-2절)

  3) 마귀는 어떻게 그리스도를 시험했습니까?(3, 5-6, 8-9절)

  4) 예수님은 마귀를 어떻게 물리쳤습니까?(4, 7, 10절)

  5) 시험을 이기신 예수님 앞에 펼쳐진 것은 무엇입니까?(11절)

2. 당신이 그리스도 안에 있다면 당신은 이미 영적싸움에서 승리했음을 알아야 합니다.(롬 8:31-39절)

　1) 영적싸움에서 승리하기 위해서 당신이 알아 두어야 할 것은 무엇입니까?(33-34절)

　2) 당신이 삶 속에서 직면할 수 있는 영적싸움의 대상들에는 어떤 것들이 있을까요?(35-36절)

　3) 당신이 만나게 될 영적싸움의 최고의 지원자는 누구입니까?(31절)

　4) 하나님께서 당신을 위해 아무것도 아끼지 않으시고, 모든 것을 다 주신다는 것을 보여주신 최대의 사건은 무엇입니까?(32절)

5) 당신의 영적싸움의 결과는 어떻게 될까요?(37절)

6) 그리스도와 당신은 어떤 관계에 있습니까?(38-39절)

3. 모든 그리스도인은 영적싸움의 현장에 서 있음을 알아야 합니다.(엡 6:10-17)
   1) 당신이 싸워야 하는 대상은 누구입니까?(11-12절)

   2) 당신이 영적싸움에서 사용할 수 있는 방어무기들은 무엇입니까?(14-17절)

   3) 당신이 영적싸움에서 사용할 수 있는 공격무기는 무엇입니까?(17절)

4) 당신이 영적싸움에서 승리하기 위해서 준비해야 할 것은 무엇입니까?(10, 13절)

5) 당신의 영적싸움에서 전신갑주를 취한다는 것은 무엇을 의미합니까?

4. 당신은 어떻게 영적싸움에서 계속해서 승리할 수 있을까요?(벧전 5:8-10)

1) 당신이 영적싸움 앞에서 가져야 할 태도는 무엇입니까?(8절)

2) 당신의 영적싸움의 실체는 누구이며, 어떻게 위협하고 있습니까?(8절)

3) 당신이 영적 싸움에서 승리하기 위한 실제적인 방안은 무엇입니까?(9절)

4) 그리스도인의 삶에서 만나는 영적싸움의 최종 목적은 무엇이라고 할 수 있습니까?(10절)

II 적용 및 실천하기

1. 적용하기

1) 그리스도께서 시험을 당하신 상황을 생각할 때 당신이 시험을 받기 쉬운 상황은 언제일까요?

2) 현재 당신과 그리스도는 어떤 관계에 있습니까?

3) 당신은 영적싸움에서 승리하기 위해서 어떻게 무장해야 할까요?

4) 당신이 영적싸움에서 계속해서 승리하기 위한 삶에서 적용 가능한 전략은 어떤 것들이 있는지 나누어보세요.

2. 실천하기

1) 암송요절을 반복해서 읽고 암송하십시오.

2) 다음과에 나오는 성경구절을 찾아서 읽으시오.

3) 부록에 나오는 성경 읽기표에 따라 매일매일 성경을 읽으시오.

건너가서 싸우리이다.

"종들은 우리 주의 말씀대로 무장하고 여호와 앞에서 다 건너가서 싸우리이다."
(민 32:27)

모세는 갓 자손과 르우벤 자손에게 "너희 형제들은 싸우러 가거늘 너희는 여기서 앉아 있고자 하느냐?"(민 32:6)고 다그치듯이 물었다. 출애굽 이후에 이스라엘 백성들이 보여준 그 불신앙과 불순종에 대하여 여호와께서 진노하셔서 애굽에서 나온 자들 중에 이십 세 이상으로는 한사람도 약속의 땅에 들어갈 수 없다고 말씀하신 여호와의 말씀을 다시 상기시켜주었다. 이 말을 들은 후에야 그들은 모세 앞에서 "종들은 우리 주의 말씀대로 무장하고 여호와 앞에서 다 건너가서 싸우리이다."(민 32:27)라고 말했다. 왜 우리는 순종하기 어려운가? "예, 그렇게 하겠습니다." 라는 말이 몹시 어렵다. 특별한 사람만 어려워하는 것이 아니라 모두가 어려워한다. 고개를 휘 젓고, 손사래를 치고, 도망갈 길을 찾는다. 그리고 마음까지 닫아버린다.

누구에게나 미래는 캄캄하고, 불투명하다. 그래서 아브라함마저도 갈 바를 알지 못하고 나아갔다고 성경은 쓰고 있다. 그러나 앞에 펼쳐지는 세계, 다가올 미래를 두려워할 필요가 없다. 하나님을 의지하면 나아가야할 방향을 알려주시고 이끌어 주신다. 우리는 하나님의 이끄심에 그냥 맡기면 된다. 그렇지만 맡긴다는 것이 결코 쉬운 일이 아니다. 맡기지 못하고, 우왕좌왕하면서 힘겨워한다. 그런 후에 우리는 하나님의 침묵을 원망한다. 만약 주저주저하는 우리를 하나님이 잡아끌면 엄살을 부린다.

그렇지만 우리는 알아야 한다. 위대하신 주님, 온 우주의 통치자이신 주님 앞에서 우리는 겸손히 낮추고 엎드려야 한다. 우리는 하나님 앞에서 얼마나 모순이 많은 존재인가?

이제 이렇게 고백해야 한다. "제가 가겠습니다. 어디든지 가서 주님이 주시는 은혜와 지혜로 싸우겠습니다."

제9과 그리스도인과 가정

<암송 요절> "아담이 이르되 이는 내 뼈 중의 뼈요 살 중의 살이라 이것을 남자에게서 취하였은즉 여자라 부르리라 하니라." (창 2:23)

<읽을 말씀> 창 2:18-24; 엡 5:22-30

하나님께서 만들어주신 가정은 모든 사회의 기초단위로써 매우 중요합니다. 어느 시대나 가정은 중요했지만, 오늘 날 만큼 그 중요성이 커진 때도 없었을 것입니다. 가정이 붕괴되고 있습니다. 대부분의 가정에서 부부 사이에 금이 가고, 마침내 이혼이라는 종착역을 향해 가고 있다는 느낌을 주고 있습니다. 부모와 자녀 사이에 대화가 단절되고, 자녀들은 더 이상 부모를 신뢰하지 않고 있다는 것을 곳곳에서 발견하게 됩니다. 사람들은 삶의 장벽들 앞에서 신음하다가 마침내 불면증에 시달리면서 약물에 의존해서 잠을 청하는 사람들이 늘어가고 있습니다. 점점 행복해지는 것이 아니라, 점점 딜레마 속에서 빠지고 있습니다. 문제는 우리가 딜레마에 빠져 있다는 것이 아니라 딜레마에서 빠져 나오는 길을 알지 못한다는 것입니다. 우리가 살고 있는 세상은 대부분의 문제들을 경제적인 문제로 보는 경향이 높습니다. 그리고 문제들의 경제적으로 풀어갈 수 있다고 생각합니다. 그 외의 문제들은 사회, 심리학적 풀어갈 수 있다고 생각합니다. 많은 그리스도인들도 그렇게 접근하려고 합니다. 그러나 그리스도인은 성경에 비추어서 문제를 발견하고, 성경에서 문제의 해결책을 찾아야 합니다. 우리는 성경이 말하는 바람직한 가정이 무엇인지 공부하면서 성경적인 가정을 세워가야 합니다.

Ⅰ. 관찰 및 해석

1. 가정의 출발(창 2:18-24)

  1) 가정은 누구에 의해서 만들어졌을까요?(18절)

  2) 최초의 가정은 어떻게 생겨나게 되었습니까?(21-22절)

  3) 최초의 가정이 만들어졌을 때 아담의 반응은 어떠했습니까?(23절)

  4) 젊은 남녀가 만나서 가정을 이룬다는 것은 어떤 의미가 있습니까?(24절)

5) 당신은 최초의 가정과 오늘 날의 가정과는 어떤 차이가 있다고 생각합니까?(창 3:12-13)

2. 가정을 향한 하나님의 명령은 무엇일까요?(엡 5:22-30)

1) 아내가 남편에게 "주께 복종 하듯 하라" 는 명령은 어느 정도까지 복종하는 것을 의미할까요?(22절)

2) 당신은 "남편이 아내의 머리 됨" 을 어떻게 이해하고, 또 상대방에게 어떻게 설명하겠습니까?(23-24절)

3) 남편이 아내를 사랑하기를 "그리스도께서 교회를 사랑하시고 그 교회를 위하여 자신을 주심 같이 하라" 는 이 명령이 당신에게 어떻게 다가옵니까?(25절)

4) 당신은 아내 사랑의 중요성을 어떻게 이해하고, 어떻게 설명하겠습니까?(26-28절)

5) 아내와 남편이 분명히 각각 다른 몸인데, 어떻게 부부가 서로를 한 몸으로 이해하고, 한 몸임을 서로 고백하며 살아갈 수 있는 길이 무엇이라고 생각합니까?(29-30절)

II. 적용 및 실천하기

1. 적용하기

1) 가정은 하나님께서 고안하신 작품이라는 것에 동의 한다면 당신이 온전한 가정을 이루기 위해서 준비하거나 노력해야 할 것은 무엇이라고 생각합니까?

2) 당신의 가정에서 가장 큰 문제라고 느끼는 것은 무엇입니까?

3) 당신이 결혼한(할) 사람이라면 남편 혹은 아내로서 당신의 배우자에 대하여 당신이 변화 혹은 준비되어야 할 부분은 무엇입니까?

2. 실천하기

   1) 암송요절을 반복해서 읽고 암송하십시오.

   2) 다음과에 나오는 성경구절을 찾아서 읽으시오.

   3) 부록에 나오는 성경 읽기표에 따라 매일매일 성경을 읽으시오.

나의 말로 써보는 고린도전서 13장

"내가 사람의 방언과 천사의 말을 할지라도 사랑이 없으면 소리 나는 구리와 울리는 꽹과리가 되고 내가 예언하는 능이 있어 모든 비밀과 모든 지식을 알고 또 산을 옮길 만한 모든 믿음이 있을지라도 사랑이 없으면 내가 아무것도 아니요 내가 내게 있는 모든 것으로 구제하고 또 내 몸을 불사르게 내어 줄지라도 사랑이 없으면 내게 아무 유익이 없느니라." (고전 13:1-3)

만약 내가 여러 개의 외국어를 구사할 수 있고, 또 말에 자신이 있고, 천국의 언어같이 화려한 언변을 가지고 있다고 하더라도 사랑하는 가슴이 없다면 한낱 시끄러운 말장난에 불과하다. 내가 많은 은사를 가지고 있고, 그 은사가 미래를 예측할 수 있는 은사를 가지고 있고, 그리고 내가 아주 해박한 지식을 가지고 있고, 정말 깊은 믿음이 있다고 하더라도 사랑이 없다면 별거 아니라는 것을 안다. 내가 내 소유를 내어 어려운 사람들을 돕고, 내 몸을 희생한다고 하더라도 사랑이 없다면 나를 내세우려는 것에 불과한 것이다.

내가 믿음으로 이렇게 살 수 있었으면 좋겠다. 아주, 아주 오래 참을 수 있고, 부드러우면서도 따뜻하고, 그리고 친절한 사람이라면 좋겠다. 그리고 질투하지 않고, 자랑하지 않고, 교만하지 않고, 무례한 행동을 하지 않고, 나만의 유익을 추구하지 않고, 성내지 않고, 악한 것을 생각하지 않고, 불의를 즐거워하지 않고, 항상 진리를 생각하며, 그 진리 안에서 즐거워하고, 어떤 상황에서도 인내할 수 있고, 믿음이 흐트러지기 쉬운 상황에서도 굳건한 믿음을 가지고, 항상 주님께서 이루실 것을 믿음으로 바라보면서 어떤 시험이나 난관에서도 잘 견뎌내는 삶을 살고 싶다. 사랑하는 마음으로 사는 것은 약한 것처럼 보이지만 어떤 상황이나 여건에서도 나약해지거나 포기하거나 좌절하지 않는 강건함이 있다. 나는 그 사랑을 항상 간직하고 실천하고 싶다.

내가 지금은 하나님의 계획이나 뜻을 다 알 수는 없다. 주님이 다시오실 때에는 모든 것이 적나라하게 들어나겠지만 지금은 그렇지 못할 지라도 모든 것을 다 드러내고, 모든 것을 다 이루실 그날을 믿음으로 준비하는 내가 되고 싶다. 내가 믿음이 나약해서 깨닫는 것이나 생각하는 것이 어린애처럼 유치할 때가 많다. 나의 믿음이 점점 더 성숙해져서 어른스럽게 되기를 원한다. 아무리 나의 믿음이 자라고, 성숙해진다고 해도 주님이 오시기까지는 말씀에 계시된 모습을 믿음으로 그려볼 뿐이다. 정말 희미하기 그지없다. 하지만 주님이 오실 때 선명하게 모든 것이 나타나게 될 것을 나는 굳게 믿고 있다. 나는 믿음, 소망, 사랑 이 세 가지가 모두 중요하다고 생각한다. 다 중요하지만 그중에서 하나를 꼭 뽑아야 된다면 사랑이 가장 중요한 것 같다.

제10과 그리스도인의 세계관

〈암송 요절〉 "하나님이 그들에게 복을 주시며 하나님이 그들에게 이르시되 생육하고 번성하여 땅에 충만하라, 땅을 정복하라, 바다의 물고기와 하늘의 새와 땅에 움직이는 모든 생물을 다스리라 하시니라." (창 1:28)

〈읽을 말씀〉 창 1:28-30, 마 4:18-22, 마 6:9-10

A. G. 가드너의 〈모자의 철학〉이라는 글에 이런 내용이 있습니다. "요컨대, 우리들 모두가 인생을 걸어가는 데 있어서 각자의 취미나 직업이나 편견으로 물든 안경을 쓰고 가는 것이고, 이웃 사람들을 우리 자신의 자로 재고, 자기류의 산술로 그들을 계산한다 하겠다. 우리는 주관적으로 보지, 객관적으로 보지는 않는 것이다. 곧, 볼 수 있는 것을 보는 것이지, 실제로 있는 그대로를 보는 것이 아니다. 우리가 사실이라고 하는 그 다채로운 것을 알아보려고 할 때, 수없이 실패를 하는 것은 결코 이상한 일이 아니다." 이 글을 통해서 우리가 생각할 수 있는 것은 인간은 자신의 환경이나 교육이나 배경에 따라 편견을 가지고 있다는 것입니다. 따라서 바르게 보려면 바른 가치관을 가지고 있어야만 합니다. 어떤 사물을 보는 관이나 눈을 세계관이라고 할 수 있습니다. 이 과에서는 당신이 성경적 세계관을 갖도록 도와줄 것입니다.

I. 관찰 및 해석

1. 이 세상의 주인은 누구일까요?

  1) 이 세상은 누가 창조하였습니까?(창 1:1)

2) 이 세상을 창조하실 때 하나님과 함께 하신 분은 누구입니까?(요 1:1-3)

3) 또 이 세상 우주만물과 인간을 창조 하신 분들은 누구입니까?(창 1:26-27)

2. 하나님은 이 우주 만물을 창조하시고, 마지막으로 사람을 창조하셔서 사람에게 우주만물을 관리하도록 맡겨주셨습니다.(창1:28-30)

1) 사람을 창조하신 후에 사람에게 명령하신 것은 무엇입니까?(28절)

2) 모든 창조 된 세계를 누리고, 관리하는 자로서 사람은 "땅에 충만하라, 땅을 정복하라……모든 생물을 다스리라." 는 명령을 어떻게 이해하고, 실천하는 것이 좋을까요?(28절)

3) 당신은 우리에게 주어진 창조 된 세계를 어떻게 이용하는 것이 가장 바람직하다고 생각합니까?(29-30절)

4) 당신은 국가나 개인이 개발과 보호를 어떻게 조화시킬 수 있다고 생각합니까?

3. 당신의 삶을 가장 의미 있게 하는 것은 무엇입니까?(마 4:18-22)

1) 당신의 삶에서 당신의 삶을 의미 있게 하고, 당신을 가장 신나게 하는 것은 무엇입니까?

2) 당신이 지금까지 살아오는 동안 존경하거나 만나고 싶었던 누군가의 부름을 받고 기뻐서 달려가 본 경험이 있다면 나누어보세요.

3) 예수님께서 갈릴리 해변을 지나시다가 베드로와 그의 형제 안드레와 또 다른 어부들을 보시고 그들을 부르셨습니다. 그들을 부르신 목적은 무엇입니까?(18-19, 21절)

4) 예수님의 부르심을 받은 그들의 반응은 어떠했습니까?(20,22절)

5) 만약 예수님께서 당신을 '사람을 낚는 어부'로 부르신다면 당신이 버려야할 그물과 같은 것에는 어떤 것이 있습니까?

6) 당신이 예수님을 따르기 위해 버려야 할 것들 중에 "베드로와 안드레가 가졌던 그물처럼 소중한 것"은 무엇입니까?

4. 당신은 무엇을 위해 살고 있습니까?(마 6:9-10)

1) 당신의 인생에서 가장 이루고 싶은 것은 무엇입니까?

2) 당신이 이루고 싶은 것을 신앙의 관점에서 평가한다면 몇 점이나 될까요?

3) 예수님께서 가르쳐주신 기도에 비추어볼 때 당신의 삶에서 가장 중요한 가치를 두어야 하는 것은 무엇일까요?(9-10절)

II. 적용 및 실천하기

1. 적용하기

1) 당신이 보기에 이 시대는 어떤 면에서 문제가 있으며, 어떤 면에서 희망이 있다고 생각하십니까?

2) 하나님이 창조하신 이 세계를 인간들은 잘 관리하고 있다고 생각하십니까?

3) 이 세상을 바라보는 당신의 관점과 성경과는 어떤 차이가 있다고 생각합니까?

4) 당신은 당신의 인생을 무엇을 위해 살고 싶습니까? 앞으로 당신 인생의 키워드는 무엇입니까?

2. 실천하기

1) 암송요절을 반복해서 읽고 암송하십시오.

2) 다음과에 나오는 성경구절을 찾아서 읽으시오.

3) 부록에 나오는 성경 읽기표에 따라 매일매일 성경을 읽으시오.

내가 산을 향하여 눈을 들리라

"내가 산을 향하여 눈을 들리라. 나의 도움이 어디서 올꼬. 나의 도움이 천지를 지으신 여호와에게서로다." (시 121:1-2)

어느 날 내가 무거운 마음으로 집으로 들어갈 때 차안에서 떠오른 말씀이다. 현대인들의 고민과 걱정거리 중에서 결코 빼놓을 수 없는 것이 돈에 관련된 것들이 많듯, 나도 그날 재정적인 문제로 하루를 고통스럽게 보낸 날이었다. 아무리 고민을 해도 마땅한 해결책이 떠오르지 않았다. 해결책이 없는 문제를 가지고 걱정하고 있을 때가 가장 힘들다. 해결의 열쇠가 있는 문제는 오히려 문제를 풀어가는 재미를 느끼게 되지만 찾아도, 찾아도 해결의 실마리가 없는 문제는 정말 고통스럽기 짝이 없다. 그런 고통스러움으로 하루를 마감하면서 신음소리처럼 "주여!"라고 되뇔 때 떠오른 말씀이다. 목사가 되는 순간부터 돈에 얽매이지 않기 위해 기도하고, 결심하고, "주님, 맡깁니다. 의지합니다." 라는 고백을 반복해오고 있다. 내가 더 갖기 위한 욕구로부터는 어느 정도 자유로움을 누린다. 그렇다고 모든 경제적인 문제들로부터 자유를 얻은 것은 아니다. 주님이 교회 재정의 최종책임자이심을 고백하고, 인정하고, 의지하지만, 나는 여전히 교회 재정의 현실적인 책임자이다. 개척교회 목사인 나는 아무도 모르게 신음소리를 낸다. 성도들은 물론이거니와 나의 아내까지도 모르게 신음 할 때가 있다. 나의 눈을 들어 나의 도움을 주실 하나님을 바라보면서 애절한 눈빛으로 주님을 향한다. "아버지로부터 도움을, 아버지로부터 선물을, 아버지로부터 응답을, 아버지로부터 위로와 힘을 얻고 싶습니다. 저의 도움은 주님이십니다. 저에게 진정한 도움은 주님으로부터 오는 것입니다. 제 앞에 있는 문제는 모든 천지 만물을 창조하시고, 주관하시고, 경영하시는 주님께만 해결의 열쇠가 있습니다. 저는 지금 제가 가지고 있는 이 고통스런 문제의 열쇠가 없습니다. 제 주변에도 없습니다. 아무리 둘러봐도 보이지 않습니다. 다만 주님을 향하여 팔을 벌리고, 저의 가슴을 엽니다."

제11과 섬김으로 보여준 제자도 - 바울

〈암송 요절〉 "내가 달려갈 길과 주 예수께 받은 사명 곧 하나님의 은혜의 복음을 증언하는 일을 마치려 함에는 나의 생명조차 조금도 귀한 것으로 여기지 아니하노라."(행 20:24)

〈읽을 말씀〉 행 20:27-38

  사도바울은 성경의 인물들 가운데 예수 그리스도의 삶에 가장 가까운 삶을 살았던 가장 위대한 그리스도인 중의 한 사람이라고 할 수 있습니다. 그는 전도(선교)의 현장에서 탁월함을 보여주었고, 참 목자의 모습을 보여주었습니다. 이 과에서는 바울이 보여준 착한 목자의 모습이 어떤 것인지 함께 공부하겠습니다.

Ⅰ. 관찰 및 해석

1. 행 20:17-21절에는 사도바울이 3차 전도여행을 마치고 귀환하면서 밀레도에서 에베소교회의 지도자들을 불러 그들과 함께 한 마지막 고별파티 장면이 기록되어 있습니다. 바울은 에베소에서 3년 정도 머물면서 사역했던 것으로 알려졌는데, 그는 다른 어떤 지역에서의 사역보다도 깊은 애정을 쏟았음을 볼 수 있습니다.

  1) 바울과 에베소교회의 지도자들이 밀레도에서 만남은 어떻게 이루어졌습니까?(17절)

2) 바울은 에베소에서의 사역을 회상하고 있습니다.(18-21절)

(1) 바울에게서 우리는 따뜻한 목자의 가슴을 엿볼 수 있습니다.(18-19절) 바울의 에베소 교회를 향한 마음은 어떠했습니까?

(2) 바울은 어떻게 복음을 전하고, 말씀을 가르쳤습니까?(20-21절)

(3) 에베소교회 성도들을 향한 바울의 마음이 에베소교회 성도들에게 어떻게 전달되었습니까?(18, 37절)

2. 바울은 이 이별의 현장에서 자신 앞에 펼쳐질 불확실하고도 험난한 길이 있음을 말합니다. 그럼에도 그는 거리낌이나 주저함이 없이 당당하게 제자들 앞에서 자신이 가야하는 길에 대해서 말하고 있습니다.(22-27절)

1) 바울이 예루살렘에 가는 것은 누구의 계획이었습니까?(22절)

2) 바울은 예루살렘에서 어떤 일이 자신을 기다리고 있다고 말하였습니까?(23절)

3) 그러나 이 때 바울의 마음가짐은 어떠했습니까?(24절)

4) 바울은 에베소에서의 자신의 사역을 다시 한 번 회상하면서, 에베소에서의 사역은 어떠했다고 말하였습니까?(25-27절)

3. 바울은 에베소교회 지도자들에게 에베소의 사역을 위임하고, 그들에게 목자의 삶이 어떤 것인지·구체적으로 제시하고 이별을 합니다.(28-38절)
   1) 바울이 에베소교회의 지도자들에게 부탁한 것은 무엇입니까?(28)

2) 에베소교회 지도자들에게 바울이 특별히 경계한 것은 무엇입니까?(29-31절)

3) 에베소교회 지도자들에게 목자로서의 삶을 위임할 때, 바울은 "주와 은혜의 말씀에 부탁" 한다(32절)고 하면서 그들의 삶에서 실천할 것을 부탁한 것은 무엇입니까?(33-35절)

4) 교회와 그리스도인들의 삶에서 바울과 에베소교회 지도자들 간의 송별 장면 같은 깊은 애정의 비결은 어디로부터 오는 걸까요?(36-38절)

II. 적용 및 실천하기

1. 적용하기

1) 바울과 에베소교회 지도자들이 밀레도에서 만나 이별하는 장면은 참으로 감격적입니다. 이 장면에서 당신이 느끼는 마음을 함께 나누어 보겠습니다.

2) 바울이 앞으로 펼쳐질 미래에 대하여 결연하면서도 마치 현실을 초월한 것 같은 마음을 제자들에게 말합니다.(22-24절) 성령님께 철저히 의지하고, 순종하면서, 어떤 믿음의 장벽이나 환경 앞에서도 인간적인 망설임이나 나약함을 보이지 않는 당당함을 보여주고 있습니다. 바울의 이런 모습이 당신에게 어떤 도전을 줍니까?

3) 바울이 밀레도에서 에베소교회 지도자들과의 고별식에서 보여준 바울의 모습이 사역자로서 어떤 삶을 살았는지 잘 보여주고 있습니다. 당신이 목자로 쓰임 받을 때 바울에게서 꼭 본받고 싶은 것은 무엇입니까?

4) 당신이 목자의 삶을 결산하는 시간이 올 때 당신의 삶을 전기로 기록한다면 어떻게 기록되기를 원하는지 자신의 말로 써보세요.

2. 실천하기

1) 암송요절을 반복해서 읽고 암송하십시오.
2) 다음과에 나오는 성경구절을 찾아서 읽으시오.
3) 부록에 나오는 성경 읽기표에 따라 매일매일 성경을 읽으시오.

이제 내가 사는 것은

"내가 그리스도와 함께 십자가에 못 박혔나니 그런즉 이제는 내가 사는 것이 아니요 오직 내 안에 그리스도께서 사시는 것이라 이제 내가 육체 가운데 사는 것은 나를 사랑하사 나를 위하여 자기 자신을 버리신 하나님의 아들을 믿는 믿음 안에서 사는 것이라." (갈 2:20)

이 말씀은 '그리스도인의 삶이란 내가 나의 삶을 사는 것이 아니다.' 라고 선언하는 것과 같은 말씀이다. 내 마음을 주님께 내어드리는 것이다. 바울이 경험한 것처럼 내가 그리스도를 영접할 때 이미 나도 그리스도와 함께 십자가에 못 박혀서 죽은 것이다. 그 순간부터 내 안에서 그리스께서 대신 사시는 것이다. 조금씩, 조금씩 나의 마음을 양도하는 것이 아니라 나도 1976년 가을의 어느날 단번에 내어드렸다. 나의 의지나 노력을 넘어서 일어난 사건이었다. 반복 훈련으로 된 것도 아니고 주님을 나의 주, 나의 하나님으로 영접하는 순간에 일어난 초자연적인 변화였다. 이 변화를 체험했을지라도 순간순간 나의 마음 중심을 다시, 계속해서 주님께 내어드리는 훈련을 평생 계속해야 된다. 나의 자아가 계속해서 꿈틀거리고, 되살아나고, 주님 위에 올라서려고 하기 때문이다. 나를 위해 죽으신 그 죽음을 늘 생각하며 주님의 죽으심이 나의 죽음이고, 주님 십자가가 나의 십자가이고, 주님의 부활이 나의 부활이라고 반복해서 고백해야 한다.

"주님이 십자가에 달리신 그 때에 저도 그 십자가에 달렸습니다. 그 때 그 십자가에 저의 모든 죄를 못 박고, 그 십자가를 믿음으로써 저의 죄를 용서받았습니다. 이제 주님께서 저의 마음의 중심에 계셔서 저를 통해서 주님께서 사심이 나타나게 하여 주십시오. 날마다, 순간마다 제가 죽고 주님이 살기를 원합니다. 제가 사는 것은 오직 주님을 믿는 믿음으로만 살게 하여 주십시오. 주님의 거룩한 형상을 닮아가게 해주십시오."

제12과 좋은 목자 되기

〈암송 구절〉 "너희 중에 있는 하나님의 양 무리를 치되 억지로 하지 말고 하나님의 뜻을 따라 자원함으로 하며 더러운 이득을 위하여 하지 말고 기꺼이 하며"(벧전 5:2)

〈읽을 말씀〉 벧전 5:2-4절, 요 10:11-16, 요 13:34-38, 행 1:4-8

　　소현은 태어나면서부터 어머니를 따라 교회에 다니기 시작했다. 어머니를 따라 함께 예배드리고, 기도하고, 성장하면서 교회 생활과 자신의 삶을 떼려야 뗄 수 없는 그야말로 교회생활은 그의 삶의 중심이었다. 그런데 많은 훈련을 받고, 교회에서 직분을 맡고, 많은 사역에 동참했지만 뭔가 부족함을 느끼기 시작했다. 교회생활을 열심히 하는 것이 곧 신앙생활을 열심히 하는 것이라고 생각하면서 살아왔는데, 조금씩 자신의 삶에 회의가 오기 시작했다. 스스로 이런 질문을 던져보곤 했다. "나의 신앙생활에서 부족한 것이 무엇인가?" "뭔가 잡히지 않지만 내 안에서 일어나는 갈등의 원인은 무엇일까?" 자신에게 이런 질문들을 던져 보면서 생각하니까 부족한 것이 한두 가지가 아니었다. "기도, 말씀, 교제, 봉사....... 모든 것이 다 부족했다. 그런데, 신앙생활을 잘 한다는 것은 이 모든 것을 완벽하게 해낸다는 것을 의미하는 것일까?" 라는 의문이 생겼다.

　　그리고 이런 질문이 생겼다.

　　"모든 것을 다 잘 해내는 것이 좋은 것이긴 하지만, 모든 것을 완벽하게 해내는 것이 참다운 신앙생활이라면 그것은 너무 어렵고, 정말 무거운 짐이 아닐까? 어쩌면 그 삶은 영원히 불가능할지도 몰라."

　　소현은 마침내 성경공부 시간에 담임목사에게 자신의 고민을 얘기했다.

　　"목사님, 저는 나름 믿음생활을 열심히 하려고 하는데, 왜 제 안에서 평안이 없고, 항상 뭔가 부족한 것 같은 느낌이 들까요?"

　　L목사는 소현에게 이렇게 말했다.

"소현 자매는 자신의 삶 전체를 걸만한 가치가 있는 것이 뭐라고 생각해요? 예를 들면 인생의 목적과도 같은 거요?"

"저는 하고 싶은 것도 많고, 이루고 싶은 것도 많지만, 그래도 나름 하나님 잘 믿으면서 사는 것이라고 생각합니다."

"그럼 하나님을 잘 믿는다는 것은 무엇일까요?"

"예수님처럼, 베드로처럼, 바울처럼까지는 아니더라도 그리스도인답게 산 사람들처럼 그렇게 사는 것이 아닐는지요?"

"그럼 예수님처럼, 베드로처럼, 바울처럼, 그리고 그리스도인답게 살았던 수많은 사람들의 삶의 특징은 무엇일까요?"

"어려운데요?"

"나는 그분들의 삶의 특징을 이렇게 생각합니다. 예수님께서 살았던 삶의 특징은 구원의 계획을 완성하셨을 뿐만 아니라, 제자들을 양육해서 그들을 통해서 온 세상에 복음이 전파되는 비전을 심어 주셨다고 생각합니다. 그리고 예수님의 제자들과 모든 참 다운 그리스도인들은 예수님의 모범을 따라 제자의 삶을 살았다는 것입니다. 소현 자매도 지금부터 제자의 삶을 살았으면 좋겠습니다. 제자가 된다는 것은 목자가 된다는 것이고, 다시 목자를 키워내는 사람이 되는 것입니다."

소현은 L목사의 말을 듣고 쉽게 목자가 되겠다고 결단하지 못했다. 생각해 보겠다는 말만 하고 목양실을 나왔다. 목양실을 나온 소현의 마음속에서는 여러 가지 의문들이 꼬리를 물었다.

"제자의 삶이 무엇일까, 내가 꼭 제자의 삶을 살아야 하나, 제자가 되려면 어떻게 해야 하나......"

이 과에서는 제자의 핵심인 목자에 대해서 공부하겠습니다.

Ⅰ. 관찰 및 해석

1. 목자는 누구인가?(벧전 5:2-4절)

1) 목자에게 가장 중요한 일은 무엇일까요?(2절)

2) 목자가 버려야 할 것은 무엇이고, 목자가 실천해야 할 것은 무엇입니까?(2b-3절)

3) 당신이 좋은 목자가 되기 위해서 개인적으로 "이것만은 버려야 해"라고 생각하는 것은 무엇입니까? 그리고 당신이 좋은 목자가 되기 위해서 개인적으로 "이것만은 훈련해야 해"라고 생각하는 것은 무엇입니까?

4) 목자의 삶, 목자의 역할을 잘 감당하는 사람에게 주어진 약속은 무엇입니까?

2. 좋은 목자의 모범이신 예수님(요 10:11-16)

   1) 선한 목자와 삯꾼 목자의 차이는 무엇입니까?(11-13절)

   2) 당신이 예수님의 모범을 따라 제자를 돌볼 때 가장 중점을 두어야 할 것은 무엇이라고 생각합니까?(14절)

   3) 당신은 목자로서 "우리에 들지 아니한 다른 양"에 대해서 어떤 태도를 취하고 싶습니까?(16절)

   4) 당신은 선한 목자이신 예수님의 모범을 어디까지 따를 수 있다고 생각합니까?(11절)

5) 예수님의 모범을 보면서 당신의 목자 비전을 간단히 나누어보세요.

3. 목자는 어떻게 준비될까요?(요 13:34-38, 행 1:4-8)

1) 목자가 갖추어야할 첫 번째 덕목은 무엇입니까?(마 22:37절; 요 13:34-35절)

2) 목자가 갖추어야할 두 번째 덕목은 무엇입니까?(요 13:36-37절)

3) 목자가 갖추어야할 세 번째 덕목은 무엇입니까?(행 1:4-5절)

4) 목자가 갖추어야할 네 번째 덕목은 무엇입니까?(행 1:8절)

II. 적용 및 실천하기

1. 적용하기

1) 예수님이 보여주신 목자 상에서 당신이 가장 닮고 싶은 부분은 무엇입니까?

2) 당신은 어떤 목자가 되고 싶습니까? 당신이 되고 싶은 목자상을 기록한 후 함께 나누어보세요.

3) 당신이 기록한 좋은 목자상과 같은 목자가 되기 위해서 당신이 준비해야 할 것은 무엇입니까?

2. 실천하기

1) 암송요절을 반복해서 읽고 암송하십시오.
2) 다음과에 나오는 성경구절을 찾아서 읽으시오.
3) 부록에 나오는 성경 읽기표에 따라 매일매일 성경을 읽으시오.

나의 고백, 시편 23편

여호와 하나님은 나의 목자입니다. 나를 이 곳, 저 곳으로 인도하시며 생명의 꼴을 먹이시는 목자입니다. 이 곳 저 곳으로 이끄실 때마다 나는 잘 적응하지 못할 때도 있습니다. 낯선 만남, 낯선 환경, 새로운 도전에 부딪히는 것이 싫어서 한 곳에 안주하고 싶을 때가 자주 있습니다.

만일 한곳에 적당히 안주하면 편하고, 안정되겠다는 생각을 하기도 합니다. 그러나 정말 맛나고, 감칠 맛 나는 생명의 꼴은 저만치 있다는 것을 알게 되었습니다. 이 사실을 알고 있음에도 불구하고 저 만치 떨어져 있음을 투정하게 될 때가 많습니다.

그래도 억지로 주님의 말씀을 따라나설 때도 있습니다. 그렇게 따라나섰다가도, 나의 앞에 있는 것들에 정신이 팔려서 목자이신 주님이 곁에 계신다는 것을 망각하고 두려움에 떨 때도 있습니다.

바로 저 앞에 있는 가파르고, 높은 고개를 넘어, 바로 저 바위산을 넘으면 넉넉한 물과 풍성한 꼴이 있다는 사실을 알고 있으면서도 머뭇거리면서 발걸음을 옮기지 못하고 그냥 주저앉아 갈증에 허덕일 때가 많이 있습니다. 그 갈증이 종종 나를 너무도 초라하게 만들어서 힘들어합니다. 그것은 공허이며, 가난이고, 방황이었습니다. 주님이 주시는 생명의 꼴을 기다리는 간급함이 아니라 아무것도 누리지 못하는 초조함이었습니다. 그때 마다 저 스스로가 세상에 너무 작게 느껴졌습니다. 그 때 저의 눈엔 주님이 예비하신 생명의 꼴이 전혀 보이지 않았습니다. 저는 소경과 같았습니다.

그러나 주님은 깨닫게 해주셨습니다. 제 앞에 주님께서 차고 넘치는 풍성한 상을 베풀놓으셨다는 것을 깨닫게 하셨습니다. 이제 저는 주님의 상에 차려진 말씀으로 배도 채우고, 마음도 채우고, 결핍된 사랑도 채우고 있습니다. 그리고 또 모든 위험으로부터 지켜주심도 깨달았습니다.

부록

I. 나의 비전 쓰기

1. 성경공부를 시작하면서 쓰기

1) 당신에게 있어서 "그리스도의 제자가 된다는 것"은 어떤 의미입니까?

2) 만약 당신이 그리스도의 제자가 된다면 어떤 제자가 되고 싶습니까?

2. 성경공부를 마치면서 쓰기

1) 좋은 목자의 이미지를 당신의 말로 묘사해 보세요.

2) 당신이 꿈꾸는 목장을 그려보세요.

3) 당신이 기자라고 생각하고 앞으로 당신이 진행하게될 목장모임을 기사로 써보세요.

II. 자기 점검표

check요령 : 실천사항을 모두 했을 때 ○, 부분적으로 했을 때 △, 전혀 실천하지 않았을 때 ×

날짜	교재제목	성경찾아보기	구절암송	성경읽기	비고

III. 암송구절

제1과 〈암송구절〉 "한 사람이 두 주인을 섬기지 못할 것이니 혹 이를 미워하고 저를 사랑하거나 혹 이를 중히 여기고 저를 경히 여김이라 너희가 하나님과 재물을 겸하여 섬기지 못하느니라." (마 6:24)

제2과 〈암송구절〉 "오직 우리 주 곧 구주 예수 그리스도의 은혜와 그를 아는 지식에서 자라 가라 영광이 이제와 영원한 날까지 그에게 있을지어다." (벧후 3:18)

제3과 〈암송구절〉 하나님은 영이시니 예배하는 자가 영과 진리로 예배할지니라. (요 4:24)

제4과 〈암송구절〉 "만물의 마지막이 가까이 왔으니 그러므로 너희는 정신을 차리고 근신하여 기도하라." (벧전 4:7)

제5과 〈암송구절〉 "베드로가 이르되 너희가 회개하여 각각 예수 그리스도의 이름으로 세례를 받고 죄 사함을 받으라 그리하면 성령의 선물을 받으리니" (행 2:38)

제6과 〈암송구절〉 "값으로 산 것이 되었으니 그런즉 너희 몸으로 하나님께 영광을 돌리라" (고전 6:20)

제7과 〈암송구절〉 "내가 주의 법을 어찌 그리 사랑하는지요 내가 그것을 종일 작은 소리로 읊조리나이다." (시 119:97)

제8과 〈암송구절〉 "우리의 씨름은 혈과 육을 상대하는 것이 아니요 통치자들과

권세들과 이 어둠의 세상 주관자들과 하늘에 있는 악의 영들을 상대함이라."
(엡 6:12)

제9과 〈암송구절〉 "아담이 이르되 이는 내 뼈 중의 뼈요 살 중의 살이라 이것을 남자에게서 취하였은즉 여자라 부르리라 하니라."(창 2:23)

제10과 〈암송구절〉 "하나님이 그들에게 복을 주시며 하나님이 그들에게 이르시되 생육하고 번성하여 땅에 충만하라, 땅을 정복하라, 바다의 물고기와 하늘의 새와 땅에 움직이는 모든 생물을 다스리라 하시니라."(창 1:28)

제11과 〈암송구절〉 "내가 달려갈 길과 주 예수께 받은 사명 곧 하나님의 은혜의 복음을 증언하는 일을 마치려 함에는 나의 생명조차 조금도 귀한 것으로 여기지 아니하노라."(행 20:24)

제12과 〈암송구절〉 "너희 중에 있는 하나님의 양 무리를 치되 억지로 하지 말고 하나님의 뜻을 따라 자원함으로 하며 더러운 이득을 위하여 하지 말고 기꺼이 하며"(벧전 5:2)

Ⅳ. 성경읽기표

요일	월	화	수	목	금	토	주일
제1주	창1-4장	창5-8장	창9-12장	창13-16장	창17-20장	창21-24장	창25-28장
제2주	창29-32장	창33-36장	창37-40장	창41-44장	창45-48장	창49-50장	마1-2장
제3주	마3-4장	마5-6장	마7-8장	마9-10장	마11-12장	마13-14장	마15-16장
제4주	마17-18장	마19-20장	마21-22장	마23-24장	마25-26장	마27-28장	신1-2장
제5주	신3-4장	신5-6장	신7-8장	신9-10장	신11-12장	신13-14장	신15-16장
제6주	신17-18장	신19-20장	신21-22장	신23-24장	신25-26장	신27-28장	신29-30장
제7주	신31-32장	신33-34장	눅1-2장	눅3-4장	눅5-6장	눅7-8장	눅9-10장
제8주	눅11-12장	눅13-14장	눅15-16장	눅17-18장	눅19-20장	눅21-22장	눅23-24장
제9주	사1-4장	사5-8장	사9-12장	사13-16장	사17-20장	사21-24장	사25-28장
제10주	사29-32장	사33-36장	사37-40장	사41-44장	사45-48장	사49-52장	사53-56장
제11주	사57-60장	사61-63장	사64-66장	갈1-2장	갈3-4장	갈5-6장	엡1-2장
제12주	엡3-4장	엡5-6장	빌1-2장	빌3-4장	골1-2장	골3-4장	딤전1-6장

"예수께서 나아와 말씀하여 이르시되 하늘과 땅의 모든 권세를 내게 주셨으니 그러므로 너희는 가서 모든 민족을 제자로 삼아 아버지와 아들과 성령의 이름으로 세례를 베풀고 내가 너희에게 분부한 모든 것을 가르쳐 지키게 하라 볼지어다 내가 세상 끝날까지 너희와 항상 함께 있으리라 하시니라." (마 28:18-20)